CAMINHOS PARA SUPERAÇÃO

COMO PESSOAS COMUNS SE TORNARAM EXTRAORDINÁRIAS

EDITORA
CHAVE MESTRA®

EDITORA
CHAVE MESTRA®

Av. Marcos Penteado de Ulhôa Rodrigues, 1119 – Tamboré, Alphaville - SP,
Ed. Office Shopping Tamboré – Andar 21 – Sala Chave Mestra
CEP: 06460-040
@editorachavemestra
editora@editorachavemestra.com.br
Acesse: www.editorachavemestra.com.br

Título original em português:
Caminhos para superação:
como pessoas comuns se tornaram extraordinárias

Direção editorial: Raquel Medeiros
Coordenadora editorial: Bartira Costa Neves
Assistente editorial: Eloiza Andrade e Larissa Robbi Ribeiro
Revisão: Tony R. de M. Rodrigues
Diagramação: Thais Moreno
***Branding* de capa:** Izzo Medeiros
Projeto gráfico: Thais Moreno

Dados Internacionais de Catalogação na Publicação (CIP)

Vale, Rogério (Organizador)
V149 Caminhos para superação: como pessoas comuns se tornaram extraordinárias / Rogério Vale (org.) – Barueri, SP: Chave Mestra Editora, 2024.
248 p.: 16 x 23 cm

ISBN 978-65-5496-029-8

1. Desenvolvimento pessoal. 2. Espiritualidade. 3. Vida cristã. 4. Prosperidade. 5. Inteligência espiritual. 6. Fé. I. Título.

CDD 158.1

CAMINHOS PARA SUPERAÇÃO

COMO PESSOAS COMUNS SE TORNARAM EXTRAORDINÁRIAS

SUMÁRIO

APRESENTAÇÃO

Caminhos para superação é mais do qu a soma de capítulos, é um convite d trinta autores diferentes com um mesm objetivo: proporcionar aos leitores insights e aprendizados sobre como acreditar e confia na sua resiliência e no seu potencial de superação.

Cada um dos escritores que contribuíram para este livro trouxe uma história única de determinação, fé e superação. Suas palavras são pontos de luz para nos guiar nos momentos em que houver escuridão, indicando o caminho da força transformadora e do propósito.

Este não é apenas um livro, é uma coletânea de testemunhos potentes de que, independentemente de nossas origens, dos desvios no percurso ou das adversidades, sempre é possível encontrar apoio e luz para mudar a realidade e conquistar nossos sonhos. Cada página desta obra traz uma jornada de transformação, que mostra que a coragem, a fé e a persistência são elementos que não podem faltar para prepararmos a degustação de uma vida plena.

Ao ler estes relatos, você será inspirado a despertar sua confiança, a enfrentar seus medos e fantasmas e a escrever reinventar sua história. Permita-se descobrir o poder da resistência que cura e como as escolhas mais difíceis podem levar você às melhores vitórias.

Que este livro seja um sopro para que a fagulha de vida que arde em você se torne a chama que o(a) moverá em direção à ressignificação dos seus pesares, à superação dos obstáculos, à autodescoberta e ao fortalecimento da sua autoestima e da sua força interior. Sonhe alto e voe ainda mais alto, pois com fé, determinação e perseverança, não há barreiras ou limites, tudo é possível.

Cada linha destas páginas carrega consigo uma oportunidade de renovação, então que, ao terminar esta leitura, você se sinta fortalecido para transformar e (re)escrever sua própria história de superação e sucesso.

Vamos juntos rumo à construção de um futuro repleto de esperança e realizações?

Aproveite a leitura!

Editora Chave Mestra

EDITORA
CHAVE MESTRA®

CAMINHOS PARA
SUPERAÇÃO
COMO PESSOAS COMUNS SE TORNARAM EXTRAORDINÁRIAS

ALESSANDRA PEREIRA

Sou a Dra. Alessandra Pereira, apaixonada por transformar a vida das pessoas, promovendo bem-estar e felicidade. Cristã, esposa e mãe, com vasta experiência em psiquiatria. Sou mentora, palestrante, escritora e apresentadora nos *podcasts* @podrosapodcast e @relaxatudopassa.

Dedicada a ajudar as pessoas a alcançarem equilíbrio e sucesso, integro inteligência emocional, neurociências, psicologia positiva e *mindfulness*, inspirando mulheres a florescerem emocionalmente.

Moro em Manaus/AM e atendo nas clínicas Alleviare – Clínica da Dor e Rehab. Atendo o mundo todo por telemedicina e amo viajar.

Digo como um tapa na cara as verdades óbvias que ninguém fala, no Instagram @dra.alessandrapereira.

Digo quem sou e o que faço no site: https://alessandrapsiquiatra.com.br/.

alessandrapereira7@gmail.com
+55 (92) 9322-9285

1

ALÉM DAS LÁGRIMAS: O PODER DA ESCOLHA

POR ALESSANDRA PEREIRA

Às vezes, parece que a vida está tão alinhada, como se estivéssemos num baile, dançando ao som da orquestra, em um cenário perfeito, sem perceber que uma tempestade se aproxima. Assim estava eu, Alessandra, sentindo-me realizada na esfera pessoal, profissional, social e espiritual aos 43 anos. Cristã, casada, mãe, médica psiquiatra e empreendedora.

Na vida pessoal, as bênçãos transbordavam. Eu e David vivíamos um amor maduro e verdadeiro, com apoio incondicional dos meus planos e sonhos, apesar de sermos tão diferentes. Três filhos incríveis: Carlos, um adolescente determinado de 15 anos; Luis, um gênio de 8 anos; e Natália, um querubim de 5 anos, dona de uma vivacidade que trazia muitos sorrisos. Minha família era fonte de alegria.

Profissionalmente, em vinte anos, trilhei um caminho de sucesso. Abandonei a segurança do serviço público como médica de família para me aventurar no empreendedorismo. Entrei como sócia em uma clínica de saúde mental e foquei a Psiquiatria. Em pouco tempo, destaquei-me como psiquiatra na cidade e a clínica tornou-se um lugar de esperança para pessoas que buscavam ajuda emocional.

A partir dos 40 anos, a espiritualidade reaqueceu meu coração. Mergulhei profundamente na fé, tornando-me evangélica e revendo a palavra de Deus. Foi uma luz iluminando meus caminhos, revelando verdades antes desconhecidas e mudando a compreensão do mundo e de mim mesma.

Com a vida estável, oportunidades profissionais surgiram. Uma delas parecia especial: assumir dois ambulatórios de Psiquiatria em policlínicas de referência na cidade. Aceitei esse novo desafio sem imaginar que em breve eu seria testada como jamais poderia prever. A vida nos reserva surpresas que desafiam nossas convicções e transcendem nossos limites.

Não seria um ano comum, apesar de 2018 começar cheio de esperanças e sonhos de um futuro promissor. Seria o ano no qual minha resiliência seria posta à prova de maneira inimaginável. Mal eu sabia que a tempestade se aproximava, trazendo desafios que testariam minhas estruturas mais profundas. Situações inesperadas e adversidades irreparáveis.

Em um ano de muitos desafios, Luis, meu filho, Fernanda, minha mãe, e Rodrigo, meu irmão, tiveram doenças graves, ficando em situações críticas. Cada um travou suas batalhas, mas com a coragem de superar os obstáculos e contando com meu apoio e orações. O medo constante de perder mãe, filho e irmão em um único ano da minha vida me rondou.

Luis, sempre muito saudável, enfrentou uma gripe grave às vésperas de completar 9 anos. Apesar do diagnóstico de quadro viral e do tratamento, a tosse alarmante na madrugada indicou um problema grave. Senti que algo estava errado e corri para o pronto-socorro, ao perceber a dificuldade dele em respirar.

Na emergência, descobrimos um edema de glote, ameaçando sua vida e exigindo possível intubação. Firme na fé, mantive a serenidade diante da angústia graças à paz que excede todo o entendimento. Anjos apareceram como colegas médicas da época da faculdade, que estavam de plantão justo nesse dia e ficaram presentes em todos os instantes.

Todos oramos por Luis e seu nono aniversário foi na UTI, seguido de uma semana na enfermaria. Eu passava os dias trabalhando e as noites ao lado dele em uma cadeira de acompanhante. Acordava cedo, tomava banho e ia atender os pacientes sem revelar o que vivenciava. Uma experiência dolorosa, porém marcante e inesquecível. O maior presente foi a vida de Luis, preservada por Deus, fortalecendo nossa fé diante desse desafio superado.

Nasci com tanto cuidado divino que fui abençoada com duas mães: Marlei, mãe biológica, e Fernanda, mãe de coração. Ambas sempre gozaram de boa saúde. Fernanda era alegre, comunicativa e amorosa, mas negligenciava recomendações médicas. Começou a ter problemas urinários e pressão alta, até que uma grave constipação intestinal a deixou debilitada, precisando ser hospitalizada para investigação do que estava acontecendo.

O quadro era grave. Foi imediatamente internada pela desidratação, intestino paralisado e rins comprometidos, sem motivo aparente para a obstrução intestinal. Os médicos insistiam na cirurgia. Aos 68 anos, ela iria direto do centro cirúrgico para a UTI. O procedimento estava agendado, mas Deus me disse: "Não faça. Ela vai morrer". Senhor, como obedecer? Havíamos acabado de sair do hospital com Luis. O que estava acontecendo? Acreditei no milagre e busquei alternativas.

Pedi um tempo à equipe médica, causando revolta, mas busquei a opinião de uma amiga nefrologista. Ela ofereceu uma esperança, sugerindo uma hidratação diferente, reposição de potássio e outras medidas. Em oração, esperávamos o impossível. No dia seguinte, o trânsito intestinal voltou, surpreendendo a todos. Não foi necessária cirurgia nem UTI. Um verdadeiro milagre. Dividia as noites de cuidados com minha irmã, agradecia a Deus e assim ia para o trabalho, fortalecida pela gratidão e pela fé.

Rodrigo, meu irmão, era incrível. Lindo, inteligente, teimoso, rabugento, mas bem-humorado, com um jeito peculiar que todos adoravam. Casado com Fran, pai de Ísis e Vida, meninas inteligentes e adoráveis, viviam felizes. No entanto, tinha dores de estômago persistentes e, relutante, evitava exames. Ao visitar Luis, quando este se internou no hospital, percebi seu estado frágil, pois estava visivelmente muito emagrecido.

Iniciamos uma série de exames que revelaram uma neoplasia gástrica. Com metástase pulmonar e intestinal, a situação era grave. No mesmo dia, ele foi internado, coincidindo com a internação de mamãe, para investigação da paralisia intestinal. Eu me senti incapaz de acreditar na realidade diante de mim. Parecia um roteiro cinematográfico.

Após as investigações, Rodrigo foi transferido do hospital geral para o oncológico, pois a clínica médica não podia mais ajudá-lo. Apesar das dificuldades financeiras, Deus provia tudo o que era necessário para o tratamento. Diante da situação, vieram morar conosco, transformando o quarto de brinquedos em enfermaria. Os amigos mobilizaram-se, arrecadando fundos para as necessidades e adaptação da casa.

Quando Rodrigo foi para a UTI, após uma cirurgia em vão, os médicos nos desenganaram e prepararam para o pior. No entanto, após sete dias em coma, ele acordou. Expressou amor à esposa, perdoou pessoas e agradeceu a Deus pelas filhas. Em cada detalhe, vimos o agir de Deus: nos desejos alimentares, nos perdões e nas palavras de amor. Apesar do adeus, nossa fé permaneceu firme. Mesmo com a partida de Rodrigo, Deus mostrou seus milagres.

Mesmo com o peso dos cuidados intensivos de mamãe e Rodrigo, eu encontrava ânimo para atender com alegria. Passava noites cuidando da família e, pela manhã, seguia para os ambulatórios. À tarde, passava na clínica, cujos atendimentos às vezes se estendiam até a noite. Mesmo com as dificuldades, eu cumpria meu propósito de mudar vidas, oferecendo cuidado e carinho para as pessoas, independentemente das circunstâncias.

Por tempos eu me perguntei como resisti a tudo aquilo. De onde veio essa inteligência emocional que eu nem sabia que tinha? Noite após noite, nos corredores do hospital, testemunhei a fragilidade da vida e a força do amor familiar. Fui o pilar que sustentou minha família, encontrando em mim uma energia que desconhecia, mesmo diante da dor, das perdas e das adversidades.

Aprendi que Deus estava presente na família, nos amigos e na abundância em meio à escassez. Encontrei meu refúgio e minha rocha, aprendendo a ver luz nas sombras mais escuras. Diariamente, pratico a gratidão, encontrando motivos para agradecer, mesmo nos momentos mais desafiadores.

Com o tempo, percebi que encontrei forças internas, como depois estudei nos princípios da Psicologia Positiva, conseguindo manter o autocuidado mesmo no caos. Minha família fortaleceu-se no amor durante as tempestades e os amigos nunca me abandonaram nos momentos difíceis.

A espiritualidade renovada foi conduzida por orações, reflexões e apoio incansável dos meus líderes espirituais, apóstolos Arão e Ester Amazonas, e fui sustentada por irmãos em Cristo, que se tornaram grandes apoiadores e intercessores em minha vida e na vida dos que amo. O amor de pessoas que eu nunca tinha visto me fez compreender o verdadeiro significado do amor cristão.

Foi um ano de turbilhão de emoções, um caminho entre lágrimas e sorrisos que me revelaram a verdadeira essência da existência humana. Todos nós somos capazes. É importante aprendermos a extrair beleza das pequenas coisas e a valorizar cada momento precioso dentro da sua simplicidade.

Diante das perdas avassaladoras, você pode descobrir uma força interior que nem sabe que existe, uma resiliência que vai fortalecê-lo para enfrentar qualquer desafio que a vida trouxer. Desejo que essa parte da minha vida inspire outras pessoas a encontrar suas virtudes nas adversidades e a abraçar a dádiva da conexão humana.

Quando você olhar para trás e ver momentos tristes e dolorosos da sua história, não veja apenas a dor e o sofrimento, mas também a beleza e as oportunidades que surgiram das cinzas. É muito mais do que uma luta pela sobrevivência; são lições de resiliência, gratidão e amor.

Não se esqueça de que, mesmo nos momentos mais difíceis, há sempre esperança e luz no horizonte. É nas profundezas da escuridão que encontramos a verdadeira essência da vida, nosso propósito e o propósito de Deus para nós. O que nos faz levantar da cama todos os dias, o que nos faz ir da cadeira do acompanhante para a mesa de trabalho sem hesitar.

Nos relacionamentos saudáveis, descobrimos um apoio inestimável e uma força incrível para enfrentar desafios. E, na presença de Deus, encontramos um refúgio que nos proporciona descanso e renovação, fundamentais para seguirmos adiante.

Acima de tudo, lembremos que a resiliência não é um traço inato de alguns privilegiados, mas uma escolha que cada um de nós faz a cada novo amanhecer. Nos caminhos da superação aprendemos a nos erguer, transcender e nos reinventar, mesmo diante das adversidades. A resiliência é a arte de transformar desafios em oportunidades de crescimento, e isso está em suas mãos, todos os dias.

“

DESAFIOS SÃO DEGRAUS PARA O SUCESSO. RESILIÊNCIA É UMA DECISÃO, NÃO UM TALENTO. A ESCOLHA ESTÁ EM SUAS MÃOS TODOS OS DIAS.

ALESSANDRA PEREIRA

”

ANA PAULA FONSECA

Sou Ana Paula Fonseca, nascida em Vargem Grande do Sul, cidadezinha do interior paulista próxima à serra da Mantiqueira. Sou mãe do Jairo, de 20 anos, e esposa de Rodrigo, meu grande amor e parceiro na vida e nos negócios. Devota de Santa Rita, por quem tenho profundo respeito. Empresária, cofundadora da Vazquez & Fonseca Corretora de Seguro Garantia e mentora de jovens em busca do seu primeiro emprego e empreendedores em seu primeiro negócio. Sou graduada em Análise Gerencial e pós-graduada em Gestão de Empresas.

Inquieta por natureza, busco sempre novos projetos e conhecimentos. Acredito no transbordar, ou seja, nossas vivências e nossos conhecimentos não podem ficar retidos em nossa trajetória apenas; eles devem servir de inspiração ou norte a outras pessoas.

anafonseca.20
Ana Paula Fonseca
anafonseca.20@hotmail.com
+55 (11) 98941-9243

2

RESISTIR, REINVENTAR, REALIZAR: O PODER DA RESILIÊNCIA

POR ANA PAULA FONSECA

E quando olhei ao meu redor, estava na selva de pedra, com seus prédios enormes, avenidas lotadas de carros e um grande sonho a se realizar. Enfim, estava em São Paulo, a tão famosa cidade grande. Os grandes centros empresariais, lojas e restaurantes fizeram-me voltar no tempo e recordei-me do meu primeiro negócio, um lava-jato em Vargem Grande do Sul, no interior de São Paulo, onde nasci. Eu tinha apenas 19 anos, sem a mínima ideia do que era ter uma empresa. Os desafios eram enormes, já que eu era a única mulher dona de um lava-jato na cidade. O ambiente, sempre dominado por homens, de funcionários a clientes, obrigava-me a ter que provar que era capaz. Não era fácil superar os concorrentes, mas a cada dia eu me tornava mais motivada, e o tempo foi passando.

Meu negócio teve de superar não apenas a concorrência, mas também um grande problema, quando uma denúncia anônima sobre o uso de produtos químicos inadequados, devido à minha falta de experiência nesse ramo, levou ao fechamento temporário do estabelecimento pela vigilância sanitária. Meu lava-jato foi lacrado e eu não tinha mais o meu ganha-pão. Naquele momento, confesso que pensei em desistir, mas minha resiliência não me permitiu. Batalhei muito para atender aos requisitos legais e, após a reabertura, para me reerguer, formei parcerias com outros negócios locais, para que pudesse oferecer atrativos aos clientes e me reposicionar. Tive de usar a criatividade e criei o seguro contra chuva, que nada mais era do que, se chovesse dentro de 24 horas após a lavagem do seu carro, o cliente tinha direito a outra lavagem simples, sem custo. Quando o tempo nublava, meu lava-jato tinha um movimento muito maior que o normal. Isso não só fez meu negócio crescer, como também me levou a conquistar o prêmio de melhor estabelecimento nessa modalidade, na cidade, pela Associação Comercial.

Todas essas experiências de vida começaram a impulsionar meu espírito inquieto e sedento por novos desafios. O sonho de criança, de morar em uma megacidade, gritava cada vez mais alto dentro de mim e, seguindo meu coração, fui em busca do que acreditava, mas sem me esquecer de onde foi minha base.

Entrei na metrópole com o sonho de ingressar em uma grande empresa e deixar minha marca em um ambiente extremamente novo e desafiador. Logo após chegar a São Paulo, eu comecei a trabalhar em uma grande empresa, e de início já enfrentei o preconceito por meu sotaque interiorano. Trabalhando em uma central de atendimento, fui "convidada" a adaptar meu modo de falar ao modo paulista, pois meu superior dizia que eu falava um pouco "caipira" demais para a função.

O que eu achava mais estranho e irônico era que muitos clientes eram do interior e falavam exatamente como eu. Temendo a demissão, dediquei-me intensamente a treinar minha fala, superando esse obstáculo com esforço e dedicação. Esse empenho rendeu-me reconhecimento e fui galgando promoções até alcançar a liderança de uma equipe de alta performance, na qual conheci meu grande amor e futuro esposo. Estava tudo perfeito, até que, por políticas da empresa, não era permitido relacionamento entre gestores do mesmo departamento, e começou então a pressão para nos recolocarmos.

Meu futuro esposo transferiu-se para outra empresa do grupo, mas, quando parecia que os problemas estavam resolvidos, enfrentei uma nova adversidade. Meu superior começou a me humilhar e me assediar moralmente, muitas vezes na presença de toda a minha equipe. Não fazia sentido, pois as regras da empresa haviam sido cumpridas, porém o ego do ser humano é algo que não temos como controlar. Após meses de instabilidade e sofrimento, fui desligada da empresa por motivos pessoais dele, o que me deixou desempregada e com um filho de oito anos para sustentar.

Quando fui demitida, após treze anos de dedicação, meu mundo desabou. Emocionalmente abalada, eu me vi diante de um imenso vácuo de incertezas. A dor da injustiça mesclava-se com a responsabilidade de criar meu filho, algo de que eu jamais abriria mão. Enfrentar o desemprego e o medo de não conseguir sustentá-lo foi um dos períodos mais difíceis da minha vida. Contei com ajuda profissional, fiz terapia, mas o que me manteve de pé foi o abraço do meu grande amor, que se tornaria meu parceiro, na vida e nos negócios. Ele não só me apoiou, mas assumiu o papel de pai e fez com que eu e meu filho nos sentíssemos amparados. Ali eu tive a certeza de que havia feito a coisa certa, em escolher ouvir meu coração mais uma vez.

Com um espírito que se recusava a se render às adversidades, decidi utilizar minhas economias para fundar a Vazquez & Fonseca, uma corretora especializada em seguro garantia. Os primeiros meses foram extremamente desafiadores. Trabalhando na sala de minha casa com um telefone que mal funcionava e com o eco da minha voz em ligações falhadas, tudo isso parecia simbolizar a fragilidade do começo. Sem nenhum cliente e apenas com uma listagem para prospecção, cada dia era uma batalha contra a incerteza.

A minha primeira apólice de seguro garantia gerou-me um faturamento de sete reais. Isso mesmo, recebi uma comissão de sete reais, porém ela se tornou um símbolo de esperança e reconstrução. Era a prova tangível de que, mesmo do menor dos começos, algo maior poderia surgir. Nesse período, meu esposo juntou-se a mim como sócio, trazendo não só seu apoio emocional, mas também sua habilidade em negócios, fortalecendo a base sobre a qual nossa empresa começaria a crescer. Essa união foi fundamental, pois agregamos o melhor de cada um.

A transição para nossa primeira sala comercial foi um passo significativo. O espaço era pequeno e enfrentava problemas como calor insuportável e goteiras em dias de chuva, mas cada desafio físico refletia os obstáculos que superávamos no mercado. Vivendo de nossas rescisões e reservas próprias, concentrávamos nossos esforços em conquistar novos clientes, e cada negativa que recebíamos era uma lição de persistência e fé nos próprios sonhos.

Foram inúmeras as vezes em que tive de me manter firme, lembrando a mim mesma do porquê havia começado. Ser empreendedora vem com um conjunto de desafios únicos, mas também com a possibilidade de moldar minha própria vida. O simples fato de poder almoçar com meu filho diariamente e poder estar mais próxima da rotina dele servia-me de combustível para seguir em frente.

À medida que a empresa crescia, começávamos a atrair clientes maiores, e o que inicialmente parecia uma tragédia – minha demissão – revelou-se como o impulso necessário para reencontrar minha paixão pelo empreendedorismo.

Ao longo de dez anos, minha empresa se consolidou. Mudamos para as novas instalações e seguimos inovando no mercado do nosso segmento.

Olhando para trás, vejo que cada desafio enfrentado, cada lágrima derramada, cada noite sem dormir ao longo dessa jornada valeu a pena. Eu venci e faria tudo novamente, pois aprendi que a resiliência não é apenas sobre sobreviver, mas sobre florescer diante das adversidades.

A minha trajetória de vida não foi apenas pautada sobre a temática de uma reconstrução profissional, mas sobre a redescoberta de quem eu sou e do que sou capaz. Hoje, mais do que nunca, sei que minha maior aliada foi a capacidade de acreditar em mim mesma, mesmo quando as circunstâncias pareciam insuperáveis.

Aprendi que no coração da adversidade jazem as sementes da renovação e do crescimento. E é possível, com coragem e determinação, transformar até mesmo os momentos mais sombrios em capítulos de uma história de sucesso.

Consegui transformar a incerteza em ação, provando que até começos mais humildes podem ser a fundação de algo grandioso. Muitas vezes, as limitações financeiras são menos significativas quando comparadas à força da vontade humana.

As lições aprendidas ao longo da minha jornada foram numerosas, mas uma das mais impactantes é a importância da perseverança. Em cada passo do caminho, enfrentei desafios que testaram minha resiliência e me ensinaram a importância de persistir, independentemente das dificuldades.

Desejo que as minhas vivências possam inspirar você a reconhecer que, no empreendedorismo e na vida, são as pequenas vitórias que pavimentam o caminho para os grandes sucessos. Espero motivar cada pessoa a ver potencial nas oportunidades, não importando quão pequenas elas possam parecer inicialmente.

A resiliência é mais do que simplesmente continuar, é alimentar uma crença inabalável em si mesmo e em seus sonhos. No meu caso, acreditar foi o primeiro passo para superar as adversidades que encontrei. Convido você a adotar uma mentalidade de acreditar fervorosamente em suas capacidades e objetivos, independentemente dos julgamentos alheios, que muitas vezes podem vir de pessoas muito próximas. Passe a ter o ato de confiar em si mesmo e em seu coração, para perceber o quão catalisador é o seu poder interno que transforma sonhos em realidade, impulsionando-o a agir com determinação e coragem.

Agir, portanto, é fundamental. Não basta apenas sonhar ou planejar – é preciso executar. Cada movimento que fazemos nos aproxima de nossos objetivos, e cada escolha é um passo adicional em direção ao sucesso. A jornada empreendedora que narrei indica que, apesar das numerosas barreiras, uma pessoa determinada romperá seu caminho por meio da ação contínua.

Que este capítulo sirva não apenas como uma narrativa de superação, mas também como um chamado à ação. Encorajo você a refletir sobre seus objetivos, acreditar em seus sonhos e agir com a certeza de que cada pequeno passo é um progresso valioso. No final, as histórias de sucesso são escritas por aqueles que ousaram acreditar e agiram, não permitindo que o medo ou a dúvida os detivessem, aprendendo a transformar desafios em oportunidades e sonhos em realidades palpáveis.

> LEVANTE-SE QUANTAS VEZES FOR NECESSÁRIO. QUANDO SE SENTIR FORTE, TRANSBORDE E COMPARTILHE SEU SUCESSO.
>
> ANA PAULA FONSECA

ANA VICCARI

Sou Ana Viccari, natural de Carazinho/RS. Resido em Guarulhos/SP e Bataguassu/MS com minha família; casada há 12 anos, tenho um filho. Sou Cristã, da Igreja Metodista de Bataguassu/MS. Minhas formações são Magistério e Administração de Empresas e tenho uma pós-graduação em Gestão Ambiental e Pessoal. Optei por uma transição de carreira formando-me como terapeuta sistêmica familiar. Comecei a vida profissional aos 17 anos lecionando, fui secretária e tesoureira escolar. Aos 32 anos decidi mudar para o Mato Grosso do Sul: fui gestora de Recursos Humanos, professora universitária, gerente administrativo e financeiro, e hoje terapeuta familiar. Lutei pela vida. Afirmo: tudo sempre tem solução.

anaviccariterapeuta
Ana Viccari
viccaripedroso@uol.com.br
+55 (67) 99808-5586

3

TRAUMA NA INFÂNCIA: ABUSO SEXUAL E PSICOLÓGICO

POR ANA VICCARI

Sou fruto do segundo matrimônio do meu pai, sendo a nona filha do papai e a única do casamento dele com minha mãe. Meu pai ficou viúvo após o nascimento de uma filha, a primeira esposa faleceu horas após esse parto.

Quando minha mãe se casou com meu pai, já eram meus irmãos e irmãs da faixa etária dos 18 anos aos 4 anos.

Nasci em Carazinho/RS e cresci em um sítio localizado em Pinheiro Marcado, distrito de Carazinho. Apesar de tudo, tenho boas lembranças do sítio, porque busquei apego no lado da luz e não das trevas. Vocês saberão logo mais sobre o inferno que vivi por oito anos; aquilo parecia nunca ter fim.

Eu tinha apenas quatro anos quando sofri o primeiro abuso sexual. Não entendia o que era aquilo, só senti uma dor física, mas a ferida que ficou na alma passou a me atormentar até em sonhos. Traumas instalados: medo, solidão, insegurança.

Os abusos eram cometidos não por apenas uma pessoa, mas por quatro. Em momentos isolados. Eu sempre fui uma criança muito sorridente, gostava de brincar e nunca dei sinais claros a meus pais sobre o que eu passava.

Lembro que tinha um sonho com frequência: uma colheitadeira de soja passando por cima de mim, esse sonho me atormentava. Acordava chorando e com a cama toda molhada. Sim! Isso era medo, eu não sabia como lidar com isso, era demais para mim, e tinha um medo terrível de perder minha mãe, pois os abusos eram seguidos de ameaças: se contar para sua mãe, mato vocês duas.

O ***modus operandi*** dos quatro elementos seguiam praticamente o mesmo padrão: afastar, abusar, falar palavrões, menosprezar e ameaças de mortes. Todos tinham a confiança dos meus pais, que nunca conseguiram enxergar a minha dor e o meu sofrimento.

O que me ajudou parcialmente a vencer esse momento e ficar firme foram os estudos. Com sete anos comecei a estudar; os livros me tiravam da crueldade e podia enxergar a possibilidade de que, se estudasse, sairia daquele inferno fingido de paraíso. Então me agarrei aos estudos.

Aos 12 anos os abusos cessaram. Foi quando eu tive (inconscientemente) meu primeiro posicionamento: para acabar com esse padrão de abusos, a Ana tinha que confrontar os abusadores. Fiz isso, um a um, também os ameacei. Nessa época estávamos morando na cidade e tive mais acesso às informações, precárias, mas que foram suficientes: "Se isso não parar eu vou à delegacia".

Mas o estrago emocional já havia criado traumas enormes. Eu era uma cratera dentro, e dentro do meu coração já não havia espaço para sentimentos como amor, confiança, e virei como uma casca de ovo vazia: fragilizada, não confiava em ninguém. Às vezes sentia ódio dos meus pais por nunca terem percebido o quanto eu precisava deles. Não podia acreditar no amor, porque não me sentia amada e, consequentemente, não poderia amar.

Fui uma adolescente introvertida, de poucas amizades, e passava a maior parte do meu tempo dentro do meu quarto lendo, estudando e ouvindo músicas. Nessa época eu sentia desejo de matar um a um dos meus abusadores e de me suicidar. Pensava como poderia me vingar. Alimentei pensamentos e sentimentos sombrios, e me transformei habilidosa em representar e abafar, silenciar meu grito e minha dor.

Não podia imaginar alguém me tocando, fugia de abraços e de qualquer outra atitude de carinho de qualquer pessoa.

Por anos procurei entender esses atos tão selvagens que enfrentei com os abusos físicos, emocionais e psíquicos. Além de um pai extremamente autoritário que fazia uso de palavras agressivas e doentias contra mim. Ah! Que dor maior isso me causava!

Eu não sei quando e nem como, mas a presença de Deus veio em sonho com o próprio Jesus Cristo. Gente, eu tenho vontade de chorar toda vez que lembro desse sonho: era um deserto, uma terra seca, um vento e uma areia que podia sentir em meu rosto, e então veio Jesus, sentou e me chamou: "Ana, venha aqui, abrigue-se debaixo do meu manto, sob o meu braço você está segura. Eu vi tudo o que passou, você nunca esteve sozinha. Fique comigo e suas dores desaparecerão, não alimente monstros dentro do seu coração porque nosso Pai resolverá tudo no tempo Dele, mas não se perca".

Quando acordei, alguma coisa havia mudado em mim, comecei a sentir misericórdia pelos abusadores e preocupação com a descendência deles, porque entendi intrinsecamente que o semear é livre, mas a colheita será obrigatória por você ou sua descendência. Anos mais tarde, por meio do curso de terapia sistêmica familiar, isso veio a ser corroborado com a teoria sistêmica e bíblica também, pois em Provérbios 22:8 é dito que "O que semear a perversidade ceifará males, e a vara da sua indignação se acabará".

Acontece que a Ana cresceu cheia de traumas e medos. Chegou à vida adulta sabendo lidar parcialmente com tudo que acontecera na infância. Casei-me aos 22 anos com meu primeiro namorado e minha grande preocupação era "Como falarei que não sou mais virgem? Que fui abusada na infância e por isso perdi a virgindade?". Sim, caros leitores, eu sou de uma época em que a virgindade era joia preciosa a ser entregue após o casamento. O dilema corroeu meu espírito. Preferi me calar. O casamento foi aos trancos e barrancos, eu não acreditava no amor, não acreditava em fidelidade masculina e não conseguia me amar. Veio a separação. Essa fase foi um divisor de águas em minha vida, aos 31 anos nós nos separamos e resolvi mudar para Mato Grosso do Sul. Retomei meus estudos, investi em minha carreira, namorei e tive meu filho, mas não aceitei conviver com o pai do meu filho.

"Mas, Ana, você nunca contou para ninguém?". Contei para minha mãe, quando eu estava com 40 anos. Imagina o estrago emocional que isso causou em minha mãe; foi tanto que ela entrou em depressão, algum tempo depois sofreu um AVC e faleceu. Eu me sentia culpada mais uma vez e daí meu mundo só não acabou porque tinha meu filho.

Então, parafraseando o apóstolo Paulo em 1 Coríntios 13:11, quando menina pensava como menina; mas logo que cheguei a ser mulher acabei com as coisas de menina, porém ainda sentia como menina.

Essa frase fez todo o sentido para a minha cura interior.

Fiquei totalmente sozinha após a morte da minha mãe: era meu filho, eu e a promessa de Deus, mas eu ainda não tinha uma relação íntima com Deus Pai, mas um dia pedi com toda minha fé um marido que me amasse, uma pessoa companheira e que cuidasse de mim (essa era a maior ferida dentro de mim). Foi então que, no auge dos meus 41 anos, conheci meu marido de uma forma inusitada, ao comprar minha casa. Começamos a conversar e passamos a nos encontrar e assumimos um compromisso que perdura até os dias atuais. Ele sabe toda a minha verdade, senti necessidade de desnudar toda minha dor e encontrei nele o maior amor da minha vida.

Finalmente eu poderia repousar e desfrutar a vida, mas em 2017, aos 46 anos, fui diagnosticada com um câncer papilífero Bethesda grau VI na tireoide; passei por cirurgia e tratamento. Em 2020 tive recidiva com metástases nos linfonodos do pescoço, encarei outra cirurgia e outro tratamento.

Então decidi, pela primeira vez, buscar ajuda psicológica, e foi nessa jornada que descobri que eu ainda precisava liberar perdão para o meu passado, assim comecei a trabalhar em mim essa libertação física, emocional e espiritual. Foi quando optei pela transição de carreira, pensando na cura dos meus traumas, e quando me vi compreendi todo meu sistema familiar. Uma bela luz acendeu-se e entrei sem medo, sendo apenas eu, em minha essência. Hoje, quando atendo mulheres abusadas sejam sexualmente ou moralmente, consigo entender e traçar o melhor procedimento terapêutico para livrá-las dos algozes.

Outro fato importante a ressaltar é nossa espiritualidade. Quanto você permite Deus agir em você?

Em 14 de maio de 1994 fui presenteada por duas amigas com uma Bíblia da Igreja Batista. Em 05 de setembro de 2011 fui presenteada novamente com uma Bíblia; membros da Igreja Católica a trouxeram até minha casa. Sabem o que eu fiz com ambas as Bíblias? Guardei-as na gaveta e, às vezes pegava, lia o Salmo 23 ou Salmo 91, sem entendimento.

Mas tudo mudou em 12 de maio de 2021, quando fui presenteada pela Diretoria da Associação Metodista de Ação Social (AMAS) da Igreja Metodista de Bataguassu/MS, representada na ocasião por sua presidente, Patricia Feitosa dos Santos. O AMAS mantém atendimento a cinquenta crianças carentes, fornecendo almoço, café da tarde, aulas de violão, canto, atividades físicas, atividades lúdicas e atualmente faço parte da Diretoria 2024/2025, como tesoureira.

Logo após receber a terceira Bíblia, eu adoeci e fiquei internada para exames, os médicos não encontravam o motivo do meu quadro de leucopenia e anemia. Isolada num quarto de hospital, passou um filme em minha cabeça e uma voz ecoou dentro de mim: "Eu bati três vezes à sua porta, esta é a última, você me aceita?". Caí no choro, perdi perdão a Deus e fiz ali a minha confissão de fé: "Eu te seguirei, eis-me aqui!". Voltei para minha cidade, comecei a frequentar a Igreja Metodista, minha amiga e irmã na fé, a Franciela Silva, foi minha incentivadora na caminhada com Cristo. Então, conheci nossa pastora, Kelen Cabanilha, frequentei o ABC da fé, ela me ensinou a orar e me batizou.

Temos um grupo de senhoras da Igreja Metodista, nós nos reunimos uma vez por semana e colocamos nossos dons de artesanato a serviço dos demais ministérios, esse grupo amável é chamado Projeto Dorcas.

Sim, eu encontrei a cura dos meus traumas quando abandonei o passado, aprendi a perdoar, seguir Cristo e a doar-me ao outro. Hoje tenho intimidade com Deus Pai, começo meu dia agradecendo por tudo, inclusive pelo meu passado, e Ele está à minha frente em tudo, inclusive participar deste livro é obra Dele.

Eu passei por processos dolorosos, lutei contra fantasmas, briguei com o desconhecido, chorei várias noites, vitimizei-me e quase desisti de mim. Porém, resolvi buscar **vida** porque me recusei a ser perdedora, e levanto cada dia maior e mais forte, como uma águia voando tão alto a ponto de querer tocar o céu para sentir a mão de Deus a me guiar.

> SEUS ATOS SÃO REFLEXOS DA SUA SAÚDE MENTAL E ESPIRITUAL. VOCÊ É MAIS FORTE QUE SEUS TRAUMAS. DOMINE-OS E SEJA VENCEDOR DE SI!
>
> ANA VICCARI

CLAIRES CARVALHO

Sou Claires Carvalho, natural de Nova Friburgo, região serrana do estado do Rio de Janeiro. Resido na cidade de Cabo Frio/RJ com o meu esposo Isaías Louvise, com quem sou casada há 20 anos, e temos uma filha chamada Eloah Carvalho. Sou missionária há mais de 15 anos, empreendedora e ministra da palavra do Senhor. Eu e meu esposo somos pastores presidentes da Igreja Batista Renovada Ministério Cristo Vive, em Rio das Ostras/ /RJ, há 14 anos.

Venho de família humilde, mas desde bem pequena os meus pais, Ires e Claudio, ensinaram-me a simplicidade e o amor ao Senhor e à Sua obra.

Minha vida e a de minha família tem sido dedicada à obra do Senhor. À liderança, ao pastoreio e a aconselhamentos na Igreja que o Senhor nos confiou.

clairescarvalho
igreja_ibrm

4

QUEM CONHECE CONFIA

POR CLAIRES CARVALHO

Talvez aquela seria uma manhã como outra qualquer, porém não aquela. Na madrugada, o Senhor Jesus havia me visitado. Logo fui contar ao meu marido o que havia acontecido, mas para a minha surpresa o Senhor também tinha o visitado naquela noite. E, acredite, os céus haviam se revelado a nós dois da mesma forma, deixando uma mensagem: "Busquem-me... pois quero me revelar a vocês de uma forma extraordinária. Quero dar a vocês uma nova experiência comigo".

Começamos, então, um propósito de oração e jejum de 21 dias. Encerramos o propósito no sábado. No domingo à noite, estávamos na igreja cultuando, quando nossa filha de apenas 6 anos começou a sentir fortes dores na barriga; ela vomitava muito e ardia em febre. Meu esposo estava no altar ministrando a palavra e eu não podia interrompê-lo. De imediato, a irmã Maria foi até a casa dela, buscou um remédio, demos à nossa filha e a dor passou.

No outro dia a deixamos aos cuidados da vovó Lauridia e do vovô José para irmos trabalhar. Porém, suas dores eram constantes e ela dizia: "Vovó, parece que tem um bichinho andando na minha barriga, e ele fica tremendo aqui dentro".

Percebemos que algo sério estava acontecendo com ela, procuramos por médicos e exames e, em uma das tomografias feitas, um diagnóstico: grandes massas na parte pélvica do abdômen e um encaminhamento ao Instituto Nacional do Câncer (INCA) para investigação.

Aquele momento foi desesperador, minhas pernas ficaram trêmulas. Nossa filha ainda não tinha noção da gravidade, porém eu e o meu esposo sabíamos que uma guerra teria de ser travada, ali nós desabamos em lágrimas.

Nós já éramos pastores nessa época e sempre nos dedicamos incansavelmente à obra do Senhor. Quando a nossa princesinha nasceu, decidimos colocar o seu nome de Eloah, que é uma variante hebraica do nome "Deus": o eterno, sobrenatural e existente por si só, causa necessária e fim último de tudo que existe, aquele que está no controle de todas as coisas[1]. Mas porque o Senhor estava permitindo tudo aquilo acontecer com nossa pequena? Ela era só uma criança. Profetizamos, em seu nascimento, que Deus estava no controle de todas as coisas, mas por um momento nada fazia sentido.

Morávamos a quase três horas de distância da capital, nosso amigo Júnior sempre nos levava ao INCA, aonde tínhamos de levar nossa filha para exames quase todos os dias. E a cada dia que passava, suas dores aumentavam, ela já andava encurvada mesmo tomando morfina, parecia não fazer efeito algum. Mesmo com idas e vindas cansativas à capital, não deixávamos de cultuar. Em uma noite, após o culto, pedimos a um amigo pastor para orar por ela. Ele não fazia ideia de como nossas vidas estavam de ponta cabeça, mas ao orar por ela ele disse: "Não existe oração na terra que mude um propósito já estabelecido nos céus. Eu, o Senhor, estou no controle de todas as coisas. E tenho um propósito para vocês".

Sabe aquele momento, quando parece que escamas caem de nossos olhos? Pois é, Deus não tem o costume de nos convidar para sairmos da zona de conforto. Ele simplesmente tem o hábito de nos arrancar de lá. Ao olhar para trás, eu só via o rastro dos nossos pés sendo arrastados para dentro do propósito divino.

A unção nos separa, mas as dores nos preparam.

No dia seguinte, estávamos novamente descendo até o INCA. E, naquele dia, o diagnóstico da nossa pequena Eloah foi fechado: linfoma de Burkitt grau 4. Ela estava com cinco tumores malignos na barriga, o maior era do tamanho de uma laranja. Com câncer, nossa filha foi imediatamente internada para começar a fazer quimioterapia, sem previsão de alta.

[1] PATUZZO, Júlio. Definição de Deus... **Pensador**, [*S.l.*], [*s.d.*]. Disponível em: https://www.pensador.com/frase/MjUzNjAzMA/. Acesso em: 13 jun. 2024.

Os dias se passaram. Era angustiante ver nossa Eloah sofrer. Enjoos, vômitos, transfusão de sangue e de plaquetas diversas vezes, queda dos seus cabelinhos. Ficávamos muito pouco em casa. Nossa nova casa era o hospital e uma casa de apoio a crianças e adolescentes com câncer.

O dom, o talento, o propósito já estavam depositados em nós, porém o alinhamento das circunstâncias e o lapidar da pedra bruta são obras que somente o Senhor podia realizar.

Meu esposo Isaías permanecia incansável ao nosso lado. Abatido, mas se mantinha firme, mesmo com o coração sangrando. Ele nos deixava no hospital e voltava para casa para trabalhar e continuar pastoreando a Igreja.

Em meio ao furacão, algumas das nossas percepções desaparecem, o medo toma conta do nosso coração e a angústia nos trava. Eu vivi esse momento de falta de fé, confesso. Não conseguia mais orar, pensava que o Senhor tinha se esquecido de nós e que iríamos morrer naquele deserto. Nos primeiros dias, entrei em uma profunda depressão, não queria me alimentar e nem falar com ninguém. Eu só chorava, pois era assustador ver minha filha sofrendo daquela maneira.

Em meio aos meus muitos questionamentos, uma nuvem de misericórdia envolveu-me, Ele me visitou em uma madrugada fria dentro do quarto do hospital. Eu chorava desesperadamente, meu coração quebrantou-se e meus joelhos estavam novamente prostrados diante do meu Deus em adoração. Senti a Sua graça envolver-me e tirar-me do fundo do poço, a Sua mão tirou a minha alma da angústia de morte. Ouvi a Sua voz dizer-me: "É chegado o momento, filha, eu vou lhe usar".

Nesse momento, a palavra dEle fervia em meu coração, de que, ainda que eu andasse pelo vale da sombra da morte, Ele estaria comigo, que a graça dEle me bastava e que o poder dEle se aperfeiçoava em minha fraqueza.

Levantei-me do chão, renovada, restaurada. Mesmo que tudo à minha volta estivesse da mesma forma, eu sentia que algo dentro de mim tinha mudado.

Quando nós nos posicionamos, tudo à nossa volta muda.

Não olhava mais para nossa guerra com comiseração, mas percebi que aquela era uma oportunidade única para falar do amor de Deus.

Dentro das instituições que estavam nos dando apoio, pessoas não são autorizadas a entrar para falar de Jesus abertamente. Essa foi a oportunidade que encontrei para falar do amor de Deus. Reunia-me com mães em desespero dentro do nosso quarto, que chamava de quarto de guerra. Minha filha, deitada na cama ao lado, muitas das vezes ardendo em febre, e eu ali, com o choro embargado na garganta, mas encontrava forças em Deus para cantar canções com as outras mães, pregava a palavra e no final fazia o convite, e várias mulheres e crianças rendiam-se aos pés do Senhor Jesus. Em meio à minha dor, o reino de Deus estava se movendo sobre nós. Aleluia!

Embora enfrentando toda aquela situação de dor, minha alma sentia-se feliz, pois um plano maior estava sendo executado.

Por viver mais no hospital, meu deserto privou-me da comunhão de amigos, família, irmãos e Igreja. Mas agora novos laços de amizade estavam sendo feitos. Tive a oportunidade de conhecer e cuidar de várias mulheres que estavam na mesma situação que a nossa, ou pior. Conheci famílias que guerreavam com seus filhos com câncer.

Quando tudo está indo bem em nossas vidas, é fácil dizer que amamos Deus. Mas quando enfrentamos situações difíceis, quando somos encurralados, nossos sentimentos são testados, nossa fé é provada. Somos medíocres em achar que Deus nos ama só quando tudo vai bem, quando, na verdade, Ele já nos garantiu a Sua companhia em qualquer momento, até mesmo na hora de dor.

Lembro-me de um dia em que nossa filha precisou fazer pulsão lombar no centro cirúrgico. Era um procedimento arriscado, no qual a quimioterapia era aplicada em sua coluna vertebral. Era um método utilizado para impedir as células cancerígenas de afetarem a medula óssea e a cabeça. Chamaram meu esposo para assinar uma declaração de responsabilidade do risco de vida, pois nossa filha poderia não voltar mais. Ficamos temorosos, nossas forças nos faltaram, acompanhamos ela até a porta do centro cirúrgico, despedimo-nos dela com um beijinho em sua testa, seus olhinhos cheios de lágrimas brilhavam. Voltamos para a sala de espera com um aperto enorme em nosso peito. Oramos juntos e suplicamos ao Senhor por nossa pequena princesa. O medo de perdê-la naquele momento era grande. Foi nesse momento de desespero que o Senhor falou conosco: "Quem conhece confia".

Ele mais uma vez estava nos convidando a confiar nEle, pois durante todo o nosso deserto Ele estava do nosso lado.

Hoje, nossa Eloah é chamada de nosso milagre, o Senhor a curou do câncer. Eu sei que os tumores não desapareceram do nada. Foi necessário completar todos os blocos de quimioterapia, mas cremos que o Senhor usou a medicina para a curar, e que a poderosa mão dEle esteve em todo o nosso processo de dor, pois conheci vários casos de pacientes na mesma situação, que, mesmo fazendo a quimioterapia, infelizmente não conseguiram vencer a doença.

Existe um propósito para todas as coisas, Ele já havia nos falado que passaríamos por todo o processo. Ser servo de Deus não me dá imunidade aos sofrimentos. Só quem se submete ao processo de ser forjado em Seu caráter está pronto e autorizado a viver o Seu propósito.

Nossa filha foi paciente do INCA por longos sete anos. No ano de 2023 ela recebeu alta médica. E hoje ela é uma linda menina que vive e serve ao Senhor Jesus perfeitamente, sem nenhuma sequela sequer do câncer. Glória a Deus!

A nossa fé foi elevada a um nível mais alto, nós verdadeiramente vimos o nosso Deus em meio à tormenta, nossos laços familiares se reforçaram e o Senhor foi aquele que nos sustentou nos momentos de dor. Em nenhum momento Ele nos deixou desamparados. O propósito do Senhor foi alcançado, quando fomos canal de benção para outras pessoas, e o auge disso tudo foi ganhar almas para Cristo.

Sei que você se identificou com nossa história. Talvez você esteja vivendo um turbilhão em sua vida, talvez esse seja um momento em que o Senhor quer trazê-lo para perto dEle. Dobre os seus joelhos, entre no secreto com Ele e receba a força necessária para seguir adiante. Um diagnóstico não é uma sentença de morte. Jamais se esqueça disso.

Quem conhece confia.

> SÓ QUEM SE SUBMETE AO PROCESSO DE SER FORJADO EM SEU CARÁTER ESTÁ PRONTO E AUTORIZADO A VIVER O SEU PROPÓSITO.
>
> CLAIRES CARVALHO

CRIS MARTINS

Cris Martins, autora de *Toda mulher já foi jacu na vida: voando como águia em relações afetivas bem-sucedidas*, é um símbolo de resiliência e superação. Psicóloga desde 2003, sua vida é marcada por cuidar de seu irmão, enfrentar perdas dolorosas e lutar contra o câncer ao lado de seu amor, A. L. Cris transforma vidas com empatia, apoiando-se em sua fé, sua família e seus amigos. Ela acredita no poder da dor como mestra e na importância da rede de apoio. Seu livro e sua história inspiram a superação e a força para seguir em frente, mostrando que é possível renascer das adversidades.

crismartinspsicologa.com.br/home
+55 (32) 99943-4719

5

HISTÓRIAS QUE CURAM

POR CRIS MARTINS

Minha jornada, idêntica à de todos nós, começa no momento da minha concepção.

Imagine milhões de espermatozoides numa mesma corrida, enfrentando diversos obstáculos, e apenas um é o grande vitorioso. Esse sou eu, assim como você.

Nasci e já tinha mais dois irmãos e uma irmã. Costumo dizer que cresci cuidando, pois um dos meus irmãos era diabético e eu precisei ceder o meu lugar, enquanto irmã caçula, para todos os cuidados que ele requeria. Esse foi meu primeiro ponto de superação. Entre idas e vindas do CTI, para o seu tratamento, eu me percebia, ainda criança, envolvida em sentimentos de saudade e apego, que colaboraram para que eu desenvolvesse um olhar especial sobre as pessoas.

Nesse contexto de cuidado e sacrifício, encontrei o meu propósito: **transformar vidas por meio da minha**.

Ingressei na graduação em Psicologia no ano de 1999, a fim de entender e aliviar os desafios humanos. Hoje, após décadas, lido com enfrentamentos diários, dedicando-me a ouvir e compreender os outros com empatia, o que me faz melhor em encontrar formas de superar desafios de uma maneira mais amena.

Como viver é um desafio, entre estudos, amigos, família, amores...

Em vida: enterrei meu pai, vítima de infarto fulminante aos 63 anos.

Em vida: fui malsucedida em um relacionamento, ao me perceber em um ambiente abusivo, do qual eu precisei fugir, para, mais uma vez, recomeçar. Nesse ano de 2008, houve uma reviravolta positiva, que me fez me sentir acolhida numa cidadezinha no interior das Minas Gerais: Prados; e, após um ano nessa viagem, descobri também um novo amor: A. L.

Em vida: iniciei a luta contra um câncer ao lado do meu saudoso amor, no ano de 2015. Os médicos trouxeram uma expectativa de que ele teria poucos meses de vida, devido à raridade e agressividade da doença no seu sistema nervoso central, o que nos fez perceber que tínhamos duas escolhas: desistir ou lutar.

Em vida: no ano seguinte, enterrei minha mãe, vítima de um AVC hemorrágico, em permanência de um coma por dez dias. Dor insuportável. Perdi a referência. Mas precisei continuar. Mais um ano depois, enterrei aquele irmão que requereu tantos cuidados. Mais um pedaço de mim se foi.

E a vida? Continuou.

Precisei superar, seguir, manter-me forte. E chorei muito. Briguei com a vida... Mas minha mãe ensinou-me a não desistir, e também a confiar que tudo, independentemente do que viesse, era propósito de Deus.

Em vida: tive um aborto espontâneo no ano de 2018, após várias tentativas mediante tratamentos de fertilização.

Com A. L., fiz viagens enquanto nos foi possível. Viagens pelo interior da mente e do coração eram diárias. Brindamos a vida, rimos muito, choramos quando foi necessário e aproveitamos o intervalo. Passaram-se seis anos após o diagnóstico da doença.

O câncer trouxe novas experiências: deficiência motora, AVC, novas recidivas: uma, duas, três, quatro. Cirurgias, infarto, coma, embolia arterial, quimioterapia, radiocirurgia, internações... perdi as contas de quantas foram.

Com tudo isso, cheguei ao limite do meu insuportável. Lembro-me de estar chorando, enquanto fazia uma oração, pedindo a Deus que o levasse, pois o sofrimento era extremo.

Em vida: deficiência motora total, pneumonia e morte. Em 2021, enterrei meu esposo. A. L. deixou-me um legado de alegria, força e persistência diante da vida. Hoje guardo na memória e no coração o nosso melhor.

Talvez você esteja se perguntando: mas como ela conseguiu lidar com tantas dores e perdas e superá-las?

Nada me tirou a esperança de prosseguir, apesar da dor que me avassalava. Afinal, eu precisava dar lugar aos meus sentimentos. Não existia em mim a possibilidade de excluí-los. Era preciso senti-los.

Sempre tive Deus como a força maior, refúgio e consolo. Muitas vezes eu briguei com Ele. Fico imaginando Ele rindo de mim... Mas, Ele sempre esteve comigo, amparando-me, compreendendo minhas fraquezas e minhas dores e jamais me desamparou.

Familiares meus fortaleceram-me com a sua presença. Ligações telefônicas e orações frequentes foram extremamente importantes.

Meus amigos queridos abraçaram-me. Alguns, infelizmente, desceram numa estação antecipada da vida e deixaram-me saudades.

Muitos profissionais, em excelência e humanos, foram peças importantes nessa jornada.

Sozinha eu não conseguiria ter dado conta. Por isso, afirmo a importância de uma rede de apoio para a superação de alguma dificuldade.

Viver parte da dor dos meus pacientes por meio do meu trabalho também me trouxe ânimo pessoal. Compreendi que a minha dor não era única. Essa compreensão manteve-me forte para vencer meus próprios desafios e inspirar os meus pacientes.

Só eu mesma posso contar as inúmeras vezes em que estive desanimada e entristecida. Somente eu sei dos momentos em que eu me deixei afetar, do vazio que muitas vezes se inscreveu, da dor que senti, do medo que vivi.

Perdi pessoas, perdi o chão e houve noites em que quase me perdi. Estar sozinha foi o meu maior enfrentamento. A vida parecia não ter mais sentido sem haver ninguém para cuidar.

Ao analisarmos o ambiente ao nosso redor, podemos notar muitos motivos para parar, e também muitos outros motivos para continuar. Mas quando estamos em meio a um caos interno, é muito difícil visualizar essa possibilidade positiva.

Dia após dia, eu mesma me levantava, me dava a mão e me reconhecia no espelho, renascendo e reescrevendo novos capítulos da minha história com coragem. Foi preciso entender que certas coisas terminam para dar lugar a novas possibilidades.

Precisei abrir as portas para a superação.

Foi um tempo de luto, de dor, de encerrar ciclos. E também foi tempo de ressignificar, para ter forças para continuar, mesmo diante do desconhecido. Foi como adentar sozinha um túnel longo e escuro. Com medo, mas confiante de que no fim dele haveria luz.

Desconhecemos as curvas da estrada da vida e, por isso, muitas vezes é difícil prosseguir perante certos desafios. Mas reiterando, como dizia minha mãe: precisamos acreditar que há um propósito em tudo.

No livro de Eclesiastes 3, está escrito que há um tempo determinado para todas as coisas.

Dores têm propósitos. Dores têm fim.

Sejam as dores um fim, de **final**, encerrando o ciclo da dor, e/ou sejam elas um fim de **finalidade**, para se tornarem aquilo que nos ensina.

Nessa trajetória, precisei entender que muitas vezes é preciso permitir que a dor se manifeste. Pode parecer insensato, mas a dor é uma professora exigente que trabalha conosco de forma firme para aprendermos uma lição. É, portanto, inútil tentar fugir. É preciso encará-la para superar.

Quando eu abracei os momentos difíceis da minha vida, a dor trouxe-me muitos aprendizados, até para que eu pudesse estar aqui hoje, refeita.

Em 2022 eu decidi morar em outro estado e viver um novo relacionamento. Em São Paulo foi um período desafiador, longe da minha zona de conforto, com momentos incríveis de muitas descobertas, e desafios que me colocaram mais uma vez diante da superação.

Nesse novo caminho, eu precisei me quebrar. No segundo dia do ano de 2023, eu quebrei o joelho esquerdo ao cair de bicicleta. Ali foi um marco para eu rever a minha trajetória. Sentia-me como um pássaro de asas cortadas, diante de um céu imenso para desbravar.

E mais uma vez refiz o meu caminho. Precisamos entender que muitas vezes é importante reescrever os planos, alterar rotas e recomeçar sempre que for necessário.

Regressei às terras mineiras com uma nova perspectiva de trabalho e possibilidades diferentes, porém numa nova região, com mais uma nova versão de mim mesma.

Quando observo a minha trajetória de vida, tenho muito orgulho do que vivi. Percebo que hoje estou muito viva, morando cada dia mais em mim. Meu foco tem sido o meu crescimento pessoal e profissional, partindo do meu propósito percebido desde o início. Cada vida transformada por meio da minha e todas as conquistas impulsionam-me dia a dia a seguir o caminho da superação.

Compreendo, no presente, que não há desertos ou tempestades que durem para sempre. Nessa reflexão, precisei fazer pausas, ouvir o meu silêncio, dar lugar às lágrimas e recuperar o folego, para reconstruir.

Não me arrependo de viver das situações que pareciam me destruir, pois abdiquei de mim para cuidar com amor. E essa foi sempre a melhor escolha, que me trouxe um aprendizado inestimável.

Realizei uma faxina na alma, no coração e nas relações. O mar levou tudo, deixando somente o que é necessário para me impulsionar no que é importante na vida.

O sol e o vento foram auxiliares no meu processo de desenvolvimento, aquecendo e ajeitando as coisas em mim, abrindo espaço para um novo eu.

Somente permanece o necessário.

A vida precisa de certezas, de um sim ou de um não.

Quando eu me senti presente novamente, entendi que preciso ousar para que o novo aconteça, percebi que não posso ter medo. Somos recompensados com o bem na alma e no coração.

A vida passa muito rápido. Ser feliz, conquistar, mudar... Tudo isso é uma questão de atitude.

É o tempo da maturação, mas também tempo para lapidar a palavra e a ação.

Meu riso era acompanhado de tensão e dúvidas quanto ao amanhã. Hoje é leve e espontâneo. Estou adorando o meu novo eu.

Meus olhos foram abertos para o quanto é bonito viver e para a intensidade. Toda essa percepção cresce por meio das minhas conversas diárias com Deus, que coloca tudo no lugar.

O passado é visto com admiração pelo que vivi. Vejo o futuro com muitas possibilidades e o presente, como momento ideal para fazer acontecer.

A vida nos ensina a dançar sob a chuva e a apreciar o sol quando ele surge. E como a águia que se renova, também temos em nós a capacidade de nos reerguer, mais fortes e resilientes.

Assim como no início, em nossa primeira superação, dentre milhões possíveis, aquela força que nos fez o melhor ainda reside em nós.

A superação é uma jornada que devemos fazer acompanhados. Encontramos forças uns nos outros ao compartilhar nossas histórias. E espero que a minha sirva de encorajamento para os seus momentos de desafio.

Qual é a sua história?

> “DORES TÊM PROPÓSITOS. DORES TÊM FIM. A SUPERAÇÃO É UMA JORNADA QUE DEVEMOS FAZER ACOMPANHADOS.
>
> CRIS MARTINS”

Fonte: Fotógrafo Kersten K. Barth. B2 Hotel Zürich, Suíça.

CRISTINA BARTH

Caro(a) leitor(a),

Meu nome é Cristina, nasci em Sorocaba/SP e resido em Zurique/Suíça. Morei em quatro países e tive a oportunidade de conhecer diferentes nações. Sou neta em memória, filha do Cosmo e da Maria, irmã de sete irmãos (por parte materna e paterna), casada com o Kersten e mãe da Talissa, do Evandro e da Anny.

Sou terapeuta de família, casal e individual, *personal self coach* e tenho especializações no Brasil e na Europa em Ciência do Comportamento Humano e Sustentabilidade. Bacharela em Administração de Empresas. Membra titular da Associação de Terapia de Família do Rio de Janeiro (ATF-RJ) e da Associação Brasileira de Terapia Familiar (ABRATEF). Formada em Terapia Familiar Breve no Núcleo de Pesquisas Moises Groisman. Atualmente, estudo os conceitos de Carl G. Jung e Murray Bowen.

cristinabarth.terapeuta
cristina.s.barth@gmail.com
+ 41 (79) 827-6575

6

MEDIANTE AS LUTAS E AS PROVAÇÕES É QUE SE FAZ UM VITORIOSO

POR CRISTINA BARTH

Porque assim diz o Senhor, que criou os céus, o Deus que formou a terra, que a fez e estabeleceu; que não a criou para ser um caos, mas para ser habitada: Eu sou o Senhor, e não há outro. (Isaías 45:18)

De modo inegável, Jesus de Nazaré foi o maior contador de histórias de todos os tempos. Todos nós carregamos em nosso interior uma atração inata por histórias, e Ele sempre usou esse meio para comunicar suas boas-novas. Por meio das histórias e parábolas contadas por Ele, além de transmitir ensinamentos, Ele emitia para as pessoas curiosidades para verem o mundo com mais clareza e entenderem mais profundamente o Deus que as amava.

Nunca imaginei que poderia sequer escrever uma carta ou livro, e aqui estou, falando com você, caro(a) leitor(a), sobre minhas próprias experiências, superações e dificuldades pessoais. E este já é o meu segundo capítulo, para meu segundo livro. Aprendi a aceitar e a me tornar especialista da minha própria história. Todos nós somos contadores de histórias, pois todos nós temos nossas próprias narrativas e experiências, sejam elas boas ou ruins.

Deus criou a humanidade para governar e se multiplicar, não para o caos. Há um convite para uma vida abundante nos aguardando e precisamos caminhar em direção à plenitude de nossos destinos.

Dentro de mim eu tinha algo que me impulsionava para a grandeza e, dessa forma, não aceitei qualquer coisa. Popularmente, há um dito que afirma: a coragem não é ausência do medo, é a persistência apesar do medo. Como escreveu S. Fitzgerald: "A vitalidade é demonstrada não apenas pela persistência, mas pela capacidade de começar de novo"[1]. Mesmo não sabendo claramente o meu destino, busquei fazer escolhas coerentes e, entre erros e acertos, cheguei até meu atual momento.

Eu tenho tantas superações que elas não caberiam em um capítulo apenas. A começar pela minha infância, nasci em um lar disfuncional, os eventos em minha vida e as oportunidades proporcionadas a partir da realidade, desde meu nascimento, não foram tão favoráveis. Os recursos financeiros eram muito limitados, meus amados pais, por falta do conhecimento, repetiram os padrões destrutivos de suas famílias de origem em sua família nuclear. Viveram juntos durante 13 anos e tiveram quatro filhos. Meus pais separaram-se quando eu tinha 9 anos. Após esse rompimento, as amarguras aumentaram ainda mais. Como fuga, casei e engravidei aos 16 anos. Fui mãe pela primeira vez aos 17 anos, e tive o segundo filho aos 18 anos. Houve um período na minha vida em que me senti inútil, uma errante nesse mundo, hoje tenho conhecimento que minha história começou na minha família de origem, mas que fatores externos sociais, econômicos, regionais contribuíram para isso ocorrer também. Dr. Nathan Ackerman intitula a família como a primeira instituição formadora do indivíduo e acrescenta: "A família é o modelo universal para o viver. Ela é unidade de crescimento, de experiência; de sucesso e fracasso; ela é também unidade de saúde e doença"[2].

O meu primeiro esposo era um adicto e sofri muitas agressões, porém, quando estava sóbrio, ele era muito gentil e atencioso. Ele foi a óbito após sete anos de casamento. Fiquei viúva aos 23 anos, com dois filhos pequenos. Durante o período da atribulação sobreveio uma nova perspectiva. Aos 25 anos, junto aos meus filhos, mudamo-nos para Alemanha. Nem tudo que reluz é ouro. Deixamos as nossas famílias de origem e saímos da nossa zona de conforto do Brasil para a imigração Europeia.

Novamente meus dois filhos e eu perante novos desafios, um tinha sete e a outra quase nove anos. Enfrentamos a dificuldade do idioma, eles a perda

[1] FITZGERALD, F. Scott. **The Great Gatsby**. São Paulo: Autêntica, 2020.

[2] DIAS, Ruth Borges; GUIMARÃES, Fabiano Gonçalves. **Abordagem familiar**. [*s.d.*]. Disponível em: https://edisciplinas.usp.br/pluginfile.php/5464546/mod_resource/content/0/Abordagem%20Familiar_Dias%20RB_Guimaraes%20FG%20%282%29.pdf. Acesso em: 13 jun. 2024.

do pai e do ninho da família no Brasil e, juntos, fomos agregados para o seio de uma família alemã. Alguns anos mais tarde, tivemos uma nova ruptura, dessa vez com essa família. Sou muita grata pelo acolhimento e memórias geradas junto a eles. No quesito educacional, tivemos de enfrentar um sistema muito rígido, plenamente diferente do que conhecíamos no Brasil, uma cultura singular. Nessa época da minha vida não tinha nível superior e tinha um conhecimento de mundo muito limitado.

Um dos primeiros desafios que enfrentei na Europa foi buscar uma Universidade, pois na cultura alemã há uma cobrança muito forte relacionada à formação acadêmica. Percorrer mais essa jornada não foi nada fácil. As possibilidades eram muito poucas e limitadas para uma estrangeira sem uma graduação. Sinto gratidão pelo tempo que vivi na Alemanha e pelos aprendizados que tive com a cultura local, aprendi a ser disciplinada, respeitar horários, falar em lugares públicos com um tom de voz silencioso, respeitando os ambientes e os dias de descanso e feriados, aprendi a apreciar a música clássica, dar valor à cultura e à história de origem e valorizar visitas aos museus, embora lamentavelmente a nova geração não esteja mais valorizando essas oportunidades. Consegui adquirir a cidadania alemã mediante o tempo do matrimônio, provas realizadas de forma escrita sobre gramática, conhecimento político, história da Alemanha, compreensão auditiva e um custo considerável para o período do ano de 2009.

Como brasileira que sou, honrei minha herança de uma filha que não foge à luta e, com ajuda de uma amiga, fomos em busca das alternativas possíveis. Descobri um polo da UNISUL virtual em Barcelona, isso numa época em que o ensino EaD não era acessível, e busquei fontes de rendas honestas para custear as idas e vindas a cada 45 dias para realização das provas. No início do período acadêmico, estava recasada, porém logo viemos a nós divorciar. Parafraseando o filósofo alemão Nietzsche: "Aquilo que não me mata me faz mais forte"[3].

Reitero que essas foram as minhas vivências e experiências. Cada ser humano é único. E cada indivíduo tem sua própria conduta e entendimento.

Hoje, como terapeuta familiar, tenho a compreensão de que os comportamentos do meu primeiro marido estavam diretamente relacionados a problemas familiares não enfrentados e tratados, e que, sem a clareza de entendimento que hoje tenho, não pude ajudá-lo à época. Casei-me pela segunda vez com um alemão e, por falta de conhecimento e sabedoria entre ambos, viemos a nos divorciar. Hoje, tenho conhecimento de que em uma relação não existe somente um culpado, embora eu tenha carregado essa culpa

[3] Esta frase encontra-se no livro **Crepúsculo dos Ídolos**, cujo original em alemão encontra-se disponível em: https://www.gutenberg.org/cache/epub/7203/pg7203-images.html. Acesso em: 13 jun. 2024.

por alguns longos anos. A minha terceira filha nasceu quando eu estava com 32 anos, fruto do meu atual casamento. Foi nesse terceiro e atual casamento que tive muitas outras oportunidades e encorajamento para outras superações.

Aprendi que, se não houver amor-próprio, nada vale, pois você pode até se sentir perfeita, cheia de conquistas e diplomas, mas ao mesmo tempo se sentir dispensável, inútil, sem propósito. Foram os desafios, dificuldades e obstáculos que me impulsionaram a novos patamares e conquistas. Quando resolvi minhas questões internas, tive mais força para superar os desafios externos. As minhas narrativas, experiências e superações autorizam-me para escrever sobre as verdades que me libertaram.

As emoções e os sentimentos, apesar de serem distintos, estão intimamente interligados. Ao meu ver, por meio da minha experiência, eu vejo as emoções e os sentimentos necessários como dádivas de Deus, que visam a nos impelir a uma ação, por mais difíceis que algumas delas sejam. O contrário da felicidade é a tristeza. A tristeza é necessária. Não posso escrever que foi fácil, nem que tive somente bons sentimentos e emoções. Os sentimentos do medo, da raiva, da tristeza, da alegria, do amor e da surpresa fizeram-se presentes em toda a minha existência. Certa vez ouvi, durante um curso de que participei, algo que ficou tatuado em minha memória: "Rótulos são apenas para geleias e não para pessoas"[4].

O meu professor e mentor Moises Groisman sempre fala que "o ontem é hoje". É preciso fazer as pazes com seu passado, buscar o autoconhecimento e o conhecimento da história da sua família de origem. Conhecer seus sentimentos e a história da sua família vai trazer luz sobre a escuridão e permitir a cura.

E havia uma força interior, que hoje "eu Cristina" reconheço ser o Espírito Santo, pois me lembro de que, no período da minha infância, minha vó paterna, Maria (in memoriam), ensinou-me uma oração e nas poucas noites que pudemos passar juntas ela me fazia repetir: Com Deus eu me deito, com Deus eu me levanto, com a graça de Deus e do Divino Espírito Santo.

Infelizmente, após muitos anos passados, descobri que só existe uma verdadeira presença que faz arder o meu coração, depois de muitas tomadas de decisões erradas que causaram sofrimentos emocionais e físicos, vim a conhecer a presença plena do Espírito Santo, em quem a minha avó tanto confiava. Quando eu a perguntei como Ele era, na época minha avó respondeu: Ele representa uma pomba branca em forma física, Ele é um Espírito que lhe protege. Anos depois, realizei um sonho que era também o da minha avó Maria: conhecer Israel; e eu fui além: em uma das várias vezes em que fui visitar o

[4] Uma variação dessa frase que ouvi está disponível em: https://www.linkedin.com/pulse/r%C3%B3tulos-foram-feitos-para-produtos-e-n%C3%A3o-pessoas-fabio-fernando-regis-iptrf/. Acesso em: 13 jun. 2024.

castelo Wartburg, na Alemanha, no qual Lutero traduziu o Novo Testamento da Bíblia para o idioma alemão, tive uma vez o privilégio de ver algumas pombas brancas como a neve e lindas como meus olhos nunca haviam visto.

Convido você, caro(a) leitor(a), neste momento, a voltar no tempo junto comigo e sentir uma emoção indescritível de uma criança, hoje adulta, que não imaginava viver aquele momento palpável. Essas são só umas das boas e inúmeras surpresas que acessei ao longo da minha vida. Hoje posso falar com amor dessas memórias e sobre minhas gerações passadas, pois pelos estudos de terapia sistêmica individual, casal e familiar ressignifiquei minhas heranças familiares.

A vida não é tanto sobre o que nos acontece, mas como reagimos. Quando uma adversidade acontece em nossa vida, ela nos honra em nos informar qual é o tamanho da resiliência, da capacidade de superação e da resposta sobre a forma com que sairemos desse desafio imposto pela trilha da vida. Sair-se vencedor ou perdedor é uma decisão única exclusiva de cada ser humano. Como se diz popularmente: "O nosso maior problema é o tamanho que damos a ele". Nossas histórias são nossas histórias, e são essas narrativas que nos fazem ser quem somos. Não continue duvidando de você. Você é mais forte do que possa imaginar. A superação é gerada de dentro para fora.

“

EM NENHUMA CIRCUNSTÂNCIA PERMITA SE CURVAR ATÉ O NÍVEL DAS SUAS ADVERSIDADES. ELEVE-SE ATÉ O NÍVEL DA SOLUÇÃO.

CRISTINA BARTH

”

DAIANA COSTA

Sou Daiana Costa, casada há 21 anos com Fábio Costa e mãe de dois filhos, Nicolli e Otávio. Com dez anos de experiência atuando como mentora e terapeuta familiar, sou especialista em desenvolvimento humano e uma das minhas grandiosas missões é orientar mulheres a encontrarem o seu lugar de força. Como palestrante e oradora, minha vocação é despertar o seu posicionamento por inteiro, para que sua essência genuína vá ao encontro do desígnio para o qual você nasceu.

Ao longo da minha jornada, transformei minhas próprias adversidades em fontes de inspiração e cura, capacitando mulheres a viverem com propósito e autoconfiança. Acredito que cada desafio é uma oportunidade de crescimento e dedico minha experiência a guiar outras mulheres em suas próprias jornadas de autodescoberta e autoconsciência.

daianacosta.mpc
daia.costajau@gmail.com
+55 (14) 99144-8369

7

O MILAGRE CHAMADO VIDA

POR DAIANA COSTA

Desde o início, o medo era um companheiro constante, muitas vezes esqueci a parte mais linda, o de ser eu mesma onde quer que eu estivesse.

Em um momento determinante da vida, descobri onde residia minha força. Tudo de que eu precisava para me curar já estava dentro de mim, milagres estavam em toda parte, acontecendo o tempo todo, e eu não via.

Nasci em uma cidade do interior de São Paulo, em 16 de julho de 1983. Vim ao mundo em meio à juventude de meus pais e, apesar de o positivo ter chegado em um momento árduo da vida, eles me acolheram com amor. Quando eu cheguei, a vida já havia me preparado de presente uma irmã, alguém para compartilhar as sensações que cada estação nos traria.

A esperança por dias melhores era alimentada pela fé que envolvia os meus pais, em cada momento difícil.

À medida que eu crescia, uma dor ininterrupta começou a afligir o meu joelho esquerdo, enfraquecendo minha perna, fazendo com que eu a arrastasse para caminhar. O temor de uma paralisia infantil pairava sobre os meus pais, enquanto uma anemia significativa somava-se a isso, dificultando a estabilidade do meu pequenino corpo. Esses momentos de incerteza perduraram por meses. Em meio aos gigantes que se levantavam, a fé sempre foi a âncora que nos assegurou firmes. Com o tempo, a cortante tempestade de areia acalmou-se e pudemos prosseguir, mesmo que em passos lentos.

Em meio às brincadeiras no estreito quintal, a imaginação levava-me para um lugar único. Lá tudo se diferia da realidade, lá eu sempre era princesa e fazia jus ao nome que mamãe escolhera para mim.

Desde sempre, fui agraciada por uma profunda sintonia com Deus, capaz de ouvir suas mensagens, sentir sua presença e perceber suas orientações. No entanto, essa dádiva me trouxe não apenas o conforto, mas também perplexidade, pois eu só tinha 7 anos.

Quando Ele chega, na maioria das vezes não estamos preparados, a casa geralmente se encontra bagunçada.

Por vezes, senti-me perdida em minha própria incompreensão, afogada em lágrimas contidas. Cada soluço ecoado era refletido em dolorosas dores de garganta.

Em meio a esse turbilhão, eu temia que ninguém percebesse os gritos silenciosos da minha alma. Assim, aos poucos, recolhi-me em um vazio eloquente, clamando internamente por aceitação.

Ao me sentir diferente e estranha, comecei a me afastar, enquanto a frieza do mundo não hesitava em depositar seus fardos sobre meus frágeis ombros. A centelha divina que ardia em meu coração aos poucos começou a ser ofuscada pelas sombras dos rótulos que sobrevieram a mim, deixando-me envolta em incertezas de quem realmente eu era.

No entanto, apesar das dificuldades, eu encontrava conforto na singularidade do simples. Amava visitar minhas avós e ouvir suas histórias, enquanto os cheiros tão únicos desses momentos eram cravados em cada pedacinho do meu eu.

Nessa altura, a família já havia aumentado, agora éramos cinco, a minha irmãzinha chegara em meio à agitação pela busca de dias mais calmos. Com ela, conheci um mundo novo; ela me ensinava diariamente, sem saber, sobre resiliência e doação.

Recordo-me das épocas do Ensino Fundamental, quando enfrentava o desprezo por não ter as roupas e sapatos mais bonitos. E como a cor dourada fez falta entre as doze nuances em meu singelo estojo!

Essas memórias são como cicatrizes que marcaram a minha jornada e me ensinaram que os espinhos passageiros me tornam instrumento nas mãos do Eterno.

Ainda me recordo vividamente dos aromas dos lanches que meus colegas levavam para a escola. Os sabores passavam pela minha frente e a boca enchia-se d'água, pois o único sabor que eu senti foram dos nãos redondos que até hoje ressoam em meus ouvidos.

Tentei de várias formas pertencer, fazer parte de algo, de algum lugar, sentir-me incluída, mas parecia que nada do que eu fazia era bom o suficiente. O que eu não sabia é que eu sempre fiz parte, sempre pertenci ao meu Criador, sempre tive esse lugar especial, o lugar de filha de Deus, e que ser eu era o suficiente.

Lembretes persistentes faziam-se presentes nas inúmeras inflamações de ouvido sentidas, recordando-me dos sons dissonantes ressonados em cada célula do meu corpo. Não era de todo ruim, mamãe nesses momentos nutria-me com o amor expressado nas reconfortantes sopas de feijão e no leite morno com café.

Lembro-me, hoje, em entendimento, do dia que recebi da professora de matemática duas grandes orelhas de cartolina, ela disse que era isso que eu merecia por ser tão burra e não saber fazer a conta que ela acabara de ensinar.

Era um constante recalcular as rotas e voltar ao prumo.

Meus pais sempre foram meus heróis silenciosos. Acredito que eles não tinham dimensão da intensidade que eu sentia, tudo o que me envolvia, pois eu tentava sempre dar conta de tudo para não ser um peso para eles. Eu queria só trazer orgulho, mas nem sempre isso foi possível.

Meus pais sempre fizeram tudo o que puderam com os recursos e conhecimentos que tinham, com certeza são os pais certos para mim. Hoje entendo o quanto eles "correram" para que nós pudéssemos "voar". Eles me deram a vida e sou eu quem precisa fazer algo de bom com ela e, assim, honrá-los verdadeiramente.

Na altura dos meus 10 anos, um dia, uma garota do colegial quis me dar uma surra, pois "ela não gostou de mim". Correu furiosamente atrás de mim. Quando, no final da tarde, o sinal da saída tocou, minhas pernas curtinhas tremiam descompassadas a cada passo dado, eu não queria apanhar mais uma vez da vida.

Tudo era tão desesperador, eu ficava em estado de alerta o tempo todo e isso foi me gerando pânico. A partir desse ocorrido, minha cabeça começou a fazer crostas, que coçavam, formando feridas. Meus cabelos pararam de crescer, era como se eles não pudessem proteger-me de ficar exposta à mercê de uma dura realidade.

O tempo passou e a adolescente que muitos achavam ser rebelde era apenas um ser humano com a estrutura ferida, era alguém que queria ser aceita tal como era.

Conheci o meu amado com quase 17 anos e nele encontrei um porto seguro, mas não foi tão simples, eu me sentia o chão que as pessoas pisavam e não conseguia tocar na paz que ele transbordava em mim. Relutei em uma postura endurecida, eu não sabia receber o amor.

Logo nos casamos e pude sentir de perto a força de uma maternidade, eu carregava em meus braços um dos meus tesouros, minha segunda filha, a perda do nosso primogênito ainda era latente em nós, quando ela chegou trazendo alegria.

Estávamos em um momento complicado quando descobrimos a terceira gestação, uma gravidez de alto risco. Nesse momento, precisamos virar a chave da maturidade de uma vez por todas.

21 de março de 2007 foi um dos meus dias mais surreais, eu tive uma intensa hemorragia no nascimento do meu caçula, era dilacerador ver nossas vidas se esvaindo em meio ao desespero da equipe médica. Foi pedido que o responsável escolhesse apenas um, mas Deus escolheu a nós dois. Entre as intempéries dos dias intermináveis dentro do hospital, Ele nos resgatou. Sempre me lembrarei desse dia com gratidão, sentimos de perto o calor do abraço do nosso Pai.

Aos 29 anos, afundei-me em uma profunda depressão, em que imagens e ilusões perturbadoras torciam-se em minha mente, deixando-me incapaz diante do abismo interior. Eu apenas existia, cativa em meu eu, distante até mesmo do amor dos meus pequenos, que não podiam resgatar-me do vazio. Prostrei-me diante de Deus de joelhos, clamando Seu socorro, pois até meu espírito gemia em dor, sentia uma necessidade urgente de reagir não apenas por mim, mas também pela família com o qual fui agraciada.

Fiz um voto com Deus a partir de então, posicionei-me de forma intencional, mesmo sem forças, e Ele me levantou poderosamente com o passar dos dias. Livrou-me do que ameaçava me parar. Ele enviou anjos e me deu estratégias para prosseguir.

Aos 35 anos, depois de ter sido livrada de dois cânceres, vivemos um verdadeiro tsunami quando nosso filho foi assolado por inúmeras crises epilépticas; cada crise parecia abrir um buraco sob os nossos pés, deixando-nos impotente diante da terrível sensação de não poder fazer nada para aliviar suas dores. Em março de 2019, a médica nos alertou sobre a gravidade da situação; era vital controlar as crises, pois seu cérebro estava inchado e ele já não controlava o corpo da cintura para cima. Fomos confrontados com o temor de perdê-lo se a situação continuasse descontrolada.

Esse momento foi um ponto crucial em minha vida, em que a chama que apenas fumegava dentro de mim se reascendeu com fulgor.

Após derramar um rio de lágrimas aos pés do Pai, busquei os recursos disponíveis para mim. Sob sua orientação, mergulhei nos estudos sobre doenças psicossomáticas e tornei-me uma referência na área. Capacitei-me em meio ao caos, utilizando esses estudos em mim mesma e testemunhei sua eficácia. Em seguida, apliquei esse conhecimento em meu filho, e pela misericórdia de Deus o milagre aconteceu: as cicatrizes em seu cérebro simplesmente desapareceram. Ele parou de ter crises noturnas, seu cérebro desinchou e ele foi se estabilizando dia após dia.

Olho para trás e só vejo o trabalhar de Deus, tudo o que eu precisava era soltar aquilo que eu não tinha o controle de gerenciar, eu só precisava me posicionar para receber aquilo que o céu sempre declarou a mim.

Os lugares em que estive foram os cenários que Deus escolheu para que eu pudesse semear.

Hoje entendo que a opinião do outro não me molda e não me define, pois sei que tenho um Pai que me guarda, ama, aceita e me justifica, Ele nos resgata quantas vezes forem necessárias.

Hoje vivemos como se cada dia fosse um milagre, e é.

As cicatrizes que hoje carrego são testemunhas da legitimidade de Deus sobre mim.

Minhas feridas são aceleradoras de cura para muitas outras vidas.

Sou uma escolha unilateral selecionada para essas missões, mesmo antes de conhecer o Escolhedor.

O que eu compartilho com meus amores transcende o comum, é verdadeiramente sobrenatural, cada experiência de refinamento da minha alma revela ao mundo quem eu sou em Deus.

Seja lá o que você estiver passando, você também não está só. Deixo aqui um presente para você: Isaías 43:19. Seus rios secos também fluirão.

“O ÚNICO LUGAR EM QUE VOCÊ TERÁ A FORÇA DE SER QUEM NASCEU PARA SER É O SEU PRÓPRIO LUGAR, O DE FILHO(A).

DAIANA COSTA”

DAYANA SALES

Sou Dayana Sales Reis, natural do Rio de Janeiro/ /RJ. resido em Campos dos Goytacazes/RJ, com minha mãe Sueli Sales e meu pet Otho, que é meu xodozinho. Na pandemia, quando me vi triste e sozinha, meu companheiro presenteou-me com ele e foi o meu melhor presente, meu amiguinho e "cãopanheiro", apegadíssimo a mim, que o trato como se fosse um filho.

Sou formada no curso Técnico em Enfermagem, Enfermagem do Trabalho, Técnico em Estética pelo Senac há dois anos e sou massoterapeuta.

Já superei muitos desafios e vi que é possível mudar a vida por meio do conhecimento e do desejo de ajudar pessoas.

dayanasalesestetica

Dayana Saless

dayanarsaless37@hotmail.com

+55 (22) 99956-2727

8

SUPERANDO OS DESAFIOS DA VIDA

POR DAYANA SALES

Na minha infância, passei por muitos problemas de abandono, pois eu era muito apegada ao meu pai; só acordava com ele na minha cabeceira, oferecendo-me Nescau e me dando carinho. Dormia algumas vezes em seu colo e, quando mais precisei dele, aos 7 anos, dizendo que ia fazer compras para a loja que ele tinha na época, levou todos os seus pertences e disse que voltaria na semana seguinte. Eu, na minha inocência, acreditei que ele voltaria. Ele não retornou. Fui reprovada dois anos consecutivos no Ensino Básico e, mesmo com tratamento de suporte especializado com psicólogo, eu me transformei numa criança revoltada, fiz uso de medicamentos ansiolíticos e, depois, entrei numa depressão profunda.

Não encontrava saída, não queria sair do quarto. O filho de uma amiga até lá dizia: "Tia, sai dessa vida, você é muito bonita para estar nessa situação".

Na época eu não conseguia entender o que estava acontecendo de fato com meus pais. Isso fazia com que a minha tristeza só aumentasse. Minha mãe começou a perceber e viu que eu precisava de um tratamento, pois eu estava com o emocional muito abalado.

Nessa ocasião, quando eu saía da escola, passava as tardes na loja do meu pai, na companhia do meu irmão, que trabalhava com ele, o que ocorreu durante muitos anos. Devido ao falecimento do sócio dele, meu pai foi obrigado a fechar a loja, interrompendo a pequena convivência que existia entre nós.

Meses se passaram e continuei sofrendo muito sem meu pai, só com minha mãe e meu irmão, que muitas vezes fazia papel de pai, levando-me e trazendo-me da escola, e nossa mãe lutando sozinha para nos criar e educar.

Achei que, com o passar do tempo, seria capaz de superar essa dor. Depois de muito sofrimento, consegui restabelecer um relacionamento saudável de pai e filha, mesmo sendo a distância.

O tempo passou, fui vendo que não tinha mais jeito e que meu pai não iria voltar. Às vezes, ele me pegava para passar o dia com ele, levava-me ao Jardim São Benedito para brincarmos. Em outras oportunidades, íamos fazer outros passeios para a Cachoeira de Cambuci, frequentávamos o clube Saldanha da Gama, onde ele jogava futebol e eu tomava banho de piscina. Nessas vezes, ele foi presente na minha infância.

Pensei em desistir em diversas ocasiões, enfrentei muitas coisas que jamais imaginava que seria capaz de suportar. Busquei forças onde não imaginava ser capaz e, aos poucos, fui conseguindo superar os problemas.

Aos 15 anos, trabalhei numa feirinha de roupas que ocorria nos finais de semana entre 8h e 18h, o que me proporcionou a possibilidade de começar a ajudar minha mãe. Depois de um tempo, comecei a trabalhar fazendo faxina na casa de uma amiga da minha mãe; era uma casa enorme, com dois pavimentos. Mesmo considerando que a remuneração por esse trabalho exaustivo era muito pequena, ela me permitia continuar ajudando nas despesas.

Na separação, meu pai deixou para nós uma casa em Guarus. Passado um tempo, resolvemos vendê-la, pois além de ser distante de tudo, começou a ficar perigoso, porque na maioria das vezes ficávamos só eu e mamãe em casa. Com a venda da casa, demos a entrada em nosso tão sonhado apartamento, pagando com muitas dificuldades as prestações.

Em 2015, eu e minha mãe abrimos uma pastelaria. Tínhamos que ir ao mercado municipal todos os dias para comprar massa e recheios. Andávamos de ônibus ou de van. Fechávamos tarde todos os dias. Eu ia estudar e, na volta, ia para lá ajudar a fechar a pastelaria. Com muito esforço compramos meu primeiro carro. Tenho muita gratidão à minha mãe por ter me dado esse carro. Mudamos para um lugar maior e mais perto de casa, e em 2016 fechamos, pois não deu mais certo.

Em 2017, começamos a viajar para comprar roupa em Petrópolis/RJ para vender de porta em porta, para cumprir com nossos compromissos.

Durante um tempo, fui trabalhar numa loja onde era humilhada frequentemente, o patrão gritava, impedia que eu saísse no horário das aulas e, por consequência, fui reprovada duas vezes. Na época eu estudava à noite, estava tentando terminar o Ensino Médio. Minha vida escolar foi muito atrapalhada. Acabei pedindo demissão.

Passado algum tempo, conclui o curso Técnico de Enfermagem, que foi custeado pelo meu pai, que não tinha condições de pagar um curso de nível superior. Já como técnica em Enfermagem, fui trabalhar em serviços de ***home care***, tarefa que sempre desempenhei com dedicação e humanismo. Posso citar como exemplo uma criança com 6 anos, traqueostomizada, de quem cuidei durante dois anos. Passado esse tempo, a paciente recuperou-se e foi retirada a traqueostomia.

Um dia, conversando com um amigo, ele me conseguiu um trabalho como cuidadora de um idoso. O idoso era lúcido, mas precisava de apoio para administração dos medicamentos e de companhia.

Tentei fazer graduação em Enfermagem, porém tranquei a matrícula no 2º período, pois, diante do que vivenciei nos estágios, percebi que não teria estrutura emocional para ver pessoas sofrendo e muitas vezes sendo maltratadas, e eu não podia fazer nada porque era apenas uma estagiária.

Tentei cursar Fonoaudiologia na Fafic, mas no 3º período não me senti vocacionada para prosseguir.

Em 2019, comecei a fazer Técnico em Estética no Senac e encantei-me pela profissão. Durante um ano e oito meses de curso, vivemos momentos difíceis na pandemia, quando foram interrompidas as aulas presenciais, prejudicando o bom andamento do curso. Nesse período tivemos aulas ***on-line*** e, quando pensei em parar, meu companheiro, que me incentivava a não desistir e muitas vezes me ajudou a fazer meus trabalhos, sentava comigo para estudar. As aulas ***on-line*** acabaram atrasando minha formatura, mas com o retorno das aulas presenciais tudo se normalizou. Em 2022, consegui concluir meu curso e hoje sou realizada em poder levantar a autoestima das pessoas por meio do poder das mãos. Fiz vários cursos na área de estética, como o da Renata França; foi quando virei a chave e me apaixonei pela massagem e pelo toque das mãos, entre outros cursos, e estou sempre em busca de inovação na área da Estética.

Em toda a minha história de vida, já sofri, chorei, entrei em depressão profunda duas vezes, até que meu irmão chegou em 5 minutos da casa dele até a minha casa com o seu pastor e fizeram uma oração pedindo para eu não fazer besteira, e ali reconheci que a vida era muito mais do que aquilo que eu estava pensando em fazer no momento, que eu tinha minha mãe, que precisava de mim para cuidar dela. De repente, com a ajuda de Deus, da minha família, consegui me erguer e foi quando comecei a estudar, a ver a vida de um outro jeito e a entender que era possível chegar ao propósito e que Deus tem grandes coisas para fazer na minha vida, e que eu tenho muitas coisas para conquistar e realizar.

Aos poucos, estou conseguindo crescer; tenho um companheiro que Deus colocou na minha vida, que muitas vezes faz papel de amigo, pai, namorado. Sou muito grata pela vida dele, ele sempre me impulsiona a nunca desistir dos sonhos, encoraja-me a estudar e acredita no meu potencial.

Quando decidi fazer duas graduações, que são a de Fisioterapia e a de Estética e Cosmética, ao mesmo tempo, chegaram a duvidar de que eu iria dar conta, mas graças a Deus a minha mãe e meu namorado sempre me incentivaram muito, então fui vendo que tudo é possível quando temos foco e dedicação, e que eu iria conseguir. Confesso que no primeiro semestre foi difícil e muito desafiador, mas hoje estou chegando ao final, e poder ver que sou capaz é muito gratificante. Saber que, quando temos foco e determinação, tudo é possível.

Conquistei meu espaço de trabalho, em que tudo foi pensado com muito carinho, e com a ajuda de Deus e de meu companheiro abrimos esse meu primeiro espaço. Só tenho a agradecer a Deus pelas promessas Dele, que estão se cumprindo na minha vida. Antes de abrir meu espaço, passei por muitas atribulações atendendo em ***home care***, indo até a casa das clientes, subindo com maca pesada muitas vezes pela escada, com minha bolsa, em que levava os cremes e meus kits de massagem, depois subloquei uma sala de atendimento, na qual atendo minhas clientes.

Eu estou sempre me aperfeiçoando na minha área, para oferecer para minhas clientes um tratamento humanizado e diferenciado, pois me preocupo com os mínimos detalhes.

Sonho em ampliar meu espaço de trabalho, ter uma clínica maior, em que eu possa delegar funções, oferecer um trabalho multiprofissional, e creio que o terei brevemente, porque o Deus que me prometeu é fiel em cumprir as Suas promessas em minha vida, como já cumpriu várias coisas. Só tenho a agradecer a Deus, a minha mãe e a meu namorado, por quem tenho imensa gratidão.

Em outubro de 2022, terminei meu namoro, pois não estava dando mais. Sofri muito com a distância de uma pessoa que amo muito. Emagreci, entreguei-me, mesmo assim não ficávamos um dia sem nos falar ao telefone. O tempo passou, ele vivendo a vida dele e eu a minha. E, em outubro de 2023, conversamos e, como gostávamos um do outro, recomeçamos, pois vi que um homem como ele, hoje em dia, que torce por mim, que me encoraja e tem a cabeça que ele tem, eu não iria encontrar nunca.

Tenho orgulho da pessoa que escolhi para estar ao meu lado, pelo legado que ele tem e pelos ensinamentos para comigo.

Estamos felizes, temos muitos sonhos juntos e hoje me sinto realizada em ter a pessoa que mais torce por mim e que amo do meu lado. Para mim, não tem nada no mundo que pague tudo que ele fez e faz; só agradeço.

Após concluir os cursos de Fisioterapia e Estética, planejo fazer cursos de pós-graduação de Qualidade, objetivando aumentar a oferta de serviços à clientela, pois têm acontecido várias coisas na minha vida que nem sei explicar, coisas da grandeza e do amor de Deus para comigo. Hoje entendo que tudo que passei em minha vida me fez amadurecer e me tornar a mulher que sou.

Entendo que na minha vida há um propósito determinado por Deus, e a minha coautoria neste livro é um deles.

"Grandes coisas fez o Senhor por nós, e por isso estamos alegres. Faze-nos regressar outra vez do cativeiro, Senhor, como as correntes do sul. Os que semeiam em lagrimas segarão com alegria!" (Salmo 126:3-5).

“QUANDO A DETERMINAÇÃO É MAIOR QUE O OBSTÁCULO, A SUPERAÇÃO TORNA-SE INEVITÁVEL.”

DAYANA SALES

DIÓGENES AUGUSTO

Sou Diógenes Augusto, natural de Guarabira/ /PB, resido em João Pessoa, na Paraíba, com a minha amada família: minha esposa Raquel Augusto, com quem sou casado há 23 anos, e meus filhos Gustavo e Eduardo.

Sou pastor, psicólogo, mentor, escritor e Master Especialista Comportamental. Acumulei mais de sete mil horas de atendimentos individuais e de casais, destravando pessoas e restaurando casamentos em vários estados do Brasil e no exterior.

Formado em Teologia pelo Instituto Bíblico Betel Brasileiro, atualmente sou pastor sênior da Igreja Batista Redimir.

Superei grandes desafios e provei que é possível mudar a própria vida por meio de um posicionamento e do desejo ardente de ajudar pessoas.

diogenes_augusto_
pr.diogenesaugusto@gmail.com
+55 (83) 99994-7162

9

A VIDA PODE SER MAIS LEVE

POR DIÓGENES AUGUSTO

No capítulo 11 da Carta aos Hebreus, registrada nas Escrituras Sagradas, encontramos a galeria dos heróis da fé, em que homens e mulheres conseguem superar seus próprios limites vivendo coisas extraordinárias com Deus, deixando um legado poderoso para a próxima geração. E este livro não é diferente, pois, assim como a minha história de fé e superação, encontramos outras narrativas impactantes por meio de cada autor desta obra. Acredito que todos temos propósitos de vida singulares e que o nosso Deus, com maestria, por meio de um relacionamento com Ele, conduz-nos a viver uma vida abundante e significativa, transbordando para todos aqueles que se conectam conosco. Comecei a colocar essa temática em prática com uma mudança no meu estilo de vida.

Durante muitos anos, estive vivendo uma rotina disfuncional, que trouxe prejuízos em várias áreas: de saúde, conjugal, social, financeira, profissional, entre outras. Na verdade, eu estava inserido numa rotina de escassez: dormia geralmente depois da meia-noite e não tinha disposição para me levantar cedo para uma caminhada ou qualquer outra atividade física, além dos excessos na alimentação, sempre voltada a muito açúcar e gordura ruim. Nesse estilo de vida disfuncional, comecei a desenvolver obesidade grau três, indisposição, baixa autoestima, entre outros sintomas. Tomei a decisão de mudança após ouvir palavras de sabedoria da minha esposa. Ela me olhou nos olhos e disse que se eu a amasse, não estaria naquela vida disfuncional e de estagnação. Também falou que se eu "virasse a chave", muitos viriam comigo pela minha posição de influência como líder. Dentro de poucos dias após essa fala, posicionei-me e dei três passos que definitivamente mudariam minha vida e as próximas gerações.

O primeiro passo foi iniciar uma atividade física de forte impacto que, para mim, seria impossível iniciar e desenvolvê-la: a corrida. Minha esposa inseriu-nos numa assessoria de corrida e aí verdadeiramente iniciamos um novo estilo de vida. Como havia mencionado, correr para mim seria algo impossível, pois inicialmente só conseguia correr no máximo dois minutos. Em pouco mais de cinco semanas seguindo um protocolo da assessoria, já estava conseguindo correr 4 km de maneira ininterrupta. Ufa! Foi de fato uma grande superação. Ao conseguir, fiquei num estado de euforia em que não conseguia me conter, com danças, pulos e choro de muita alegria. Dentro de mais dois meses, consegui chegar aos 10 km sem parar e aí se consolidou uma nova fase na minha vida no quesito da atividade física. Atualmente corro, faço academia e caminho praticamente todos os dias.

O segundo passo foi ajustar o sono, pois passei a ir para a cama no horário entre as 22h e 23h – e me levantando no máximo às 5h. Antes, tinha o costume de dizer que eu era uma pessoa noturna, quando na verdade tinha hábitos errados no que diz respeito ao sono. E, por último e bem desafiante, o terceiro passo foi ajustar a alimentação, entendendo as vantagens de ter saúde e um corpo emagrecido, pois cheguei a eliminar 28 kg com esses três passos. Uma das primeiras estratégias para mudar a mentalidade sobre como me alimentar de forma saudável foi fazendo um cartão de enfrentamento sugerido pelo livro ***Pense magro*** (2009)[1], da autora Judith S. Beck, que trazia as vantagens de emagrecer:

1. Terei uma aparência melhor;
2. Não vou ficar tão constrangido o tempo todo;
3. Vou conseguir vestir as roupas de que gosto;
4. Sentirei que estou no controle;
5. Vou me movimentar melhor;

[1] BECK, Judith S. **Pense magro**. Porto Alegre: Artmed, 2009.

6. Não vou ficar com vergonha na piscina ou na praia;

7. Irei me sentir mais autoconfiante;

8. Ficarei feliz ao me olhar no espelho;

9. Meu médico vai me elogiar;

10. Minha esposa vai se orgulhar de mim;

11. Não fugirei mais da balança;

12. Estarei com uma aparência melhor no próximo Natal com toda a família;

13. Aquele cunhado não vai mais me chamar de gordo;

14. Irei me sentir melhor comigo mesmo;

15. Eu me levantarei com energia e disposição.

Depois, copiei em um cartão pequeno para que coubesse em minha carteira e eu pudesse ler pelo menos duas vezes ao dia até que já não tivesse mais tanta dificuldade nesse novo estilo de vida. Uma coisa que percebi ao longo da minha caminhada de mudança e autoconhecimento é que precisei romper com muitas crenças limitantes. "Nossas crenças influenciam todas as nossas escolhas mais significativas e importantes, direcionando todas as decisões e determinando a vida que levamos" (Paulo Vieira)[2]. Tudo o que você faz está conectado com aquilo em que acredita. São suas crenças que direcionam as suas escolhas.

A propósito, você sabe quais são as suas crenças?

O filósofo Platão, num texto chamado ***Alegoria da caverna***, nos mostra que, a partir do momento em que nos libertamos da escuridão de nossas crenças limitantes e retiramos dos nossos olhos as escamas que nos impedem de enxergar quem de fato somos, estaremos prontos para ir ao encontro da luz abundante e libertadora do mundo que está lá fora, pois as nossas crenças são as lentes pelas quais enxergamos o mundo à nossa volta.

De maneira resumida, a ***Alegoria da caverna*** nos conta o seguinte[3]: na alegoria, Platão nos fala de alguns prisioneiros que viviam acorrentados numa caverna e passavam todo o tempo olhando para a parede no fundo da

[2] VIEIRA, Paulo; SILVA, Deibson. **Decifre e influencie pessoas**: como conhecer a si e aos outros, gerar conexões poderosas e obter resultados. São Paulo: Gente, 2018.

[3] VIEIRA, Paulo; SILVA, Deibson. **Decifre e influencie pessoas**: como conhecer a si e aos outros, gerar conexões poderosas e obter resultados. São Paulo: Gente, 2018.

rocha, que era iluminada pela luz de uma fogueira. Nessa parede, são projetadas as sombras de estátuas que representavam pessoas, animais, plantas e objetos, mostrando situações do dia a dia. Os prisioneiros ficam dando nomes às imagens (sombras) e analisando e julgando as situações projetadas na parede. Um dia, um dos prisioneiros é libertado e sai para explorar o interior da caverna e o mundo lá fora. Em contato com a realidade, percebe que passou a vida toda analisando e julgando apenas imagens projetadas por estátuas. Ele fica encantado com o mundo real e com os seres de verdade. Ao voltar para a caverna e falar das maravilhas lá fora, é ridicularizado pelos colegas, que só conseguem acreditar na realidade que enxergam na parede. Os prisioneiros o chamam de louco e o ameaçam de morte caso não pare de falar daquelas ideias "absurdas".

Sair da caverna, muitas vezes, é a etapa mais importante da nossa vida. E o que nos impede muitas vezes de sair de um estado de estagnação ou acomodação, além das nossas crenças limitantes, é exatamente algumas pessoas que possivelmente possam estar nos impedindo ou até mesmo sem acreditar na nossa capacidade de mudança.

Na vida, continuamente ciclos se fecham e outros se abrem. Existem determinadas mudanças que precisamos fazer para obtermos novos resultados em nossa vida. Posso ainda mais falar da importância de novas amizades e relacionamentos com pessoas que já chegaram aonde você gostaria de chegar, pois elas já percorreram um caminho que possivelmente você precisará trilhar. Muitas vezes, não é necessário fazer grandes mudanças, mesmo quando parece que os outros desejam que você seja completamente diferente. Em diversas situações, pequenos ajustes ou ações nesses três passos outrora mencionados são suficientes para que as pessoas à sua volta percebam a sua mudança de chave. Lembrando que a mudança na sua vida deve ser por você mesmo, porque você merece um corpo emagrecido, autoestima e mais qualidade de vida. Você precisa ser o protagonista de sua história. Ao longo de muitos anos fui muito bom em contar "historinhas", algumas delas serviram apenas para me confortar naquele estilo de vida ou naquele resultado que não conseguia obter. Alguns exemplos eram: "Minha genética não me permite ser magro", "Corpo emagrecido é vaidade", "Segunda-feira eu começarei a caminhar", "Coca-cola geladinha é irresistível", entre outras. Hoje, nenhuma delas me domina mais. Sobre a última, destaco que já são mais de dois anos que não tomo nenhum refrigerante.

Em 2017 ouvi uma frase e ela me intrigava muito, que foi: "Quando eu mudo, tudo muda". Por muitas vezes atribuí a culpa aos outros de determinados fracassos em minha vida, até que entendi o quanto precisava ser eu o autor de todas as mudanças que precisava fazer para viver uma vida maiúscula e abundante que a Palavra de conhecimento milenar nos garante. Cheguei a eliminar 28 kg, sair de um manequim 50 para um 42, sair de um estado de acomodação para uma realidade de treinos diários e um ajuste no meu sono (coisa que não acreditaria ser possível). Sem falar do sentimento de autoconfiança, assertividade, vigor físico, emocional e sexual.

É possível, é totalmente possível... E aí, vamos juntos? Se eu consegui, você também consegue. Pare agora e escreva: "Quando eu mudo, tudo muda". Se permita começar a viver algo que nunca viveu e deixe eu lhe dar uma dica: comece com as palavras que saem da sua boca. Palavra muda sentimento e, consequentemente, pensamento. A palavra liberada prepara a realidade para a qual ela foi liberada. Sendo assim, comece a declarar que você é capaz, e não dê ouvidos a ninguém que não acredite em sua possibilidade de mudança. Saiba que você pode contar comigo nessa sua nova jornada caso você decida, é só me enviar um e-mail ou até mesmo uma mensagem pelo WhatsApp para iniciarmos uma conversa e daí direcionamos para um novo tempo. Vamos lá? Você também tem uma segunda opção que é de continuar tendo os mesmos resultados que tem hoje. Caso decida pela primeira opção, estou certo de que resultados extraordinários virão em todas as áreas da sua vida.

E o melhor de tudo é que o poder da mudança está nas suas mãos. Acredite no seu taco, você é capaz! Abraço.

> “O MELHOR ESTÁ POR VIR.”
>
> DIÓGENES AUGUSTO

ELIANE AQUÁRIUS

De menina da roça à empresária de cinquenta milhões, é uma inspiração para o mundo empresarial. Os desafios de ser uma mulher empreendedora fizeram com que a palestrante percebesse que podia mudar a vida das pessoas por meio da sua história. Tornou-se uma escritora devido à necessidade de saber que poderia, por meio de seus livros, reescrever em qualquer lugar do planeta novos capítulos e novas histórias, por sua coragem, força e determinação. Essa é Eliane Aquárius, que fala sobre conexão e transformação em suas palestras, visando a aprimorar cada um daqueles que estão dispostos a viver uma melhor versão de si mesmos a cada dia.

eliane.aquarius
semeadora_eli

10

DE MENINA DA ROÇA A EMPRESÁRIA DE CINQUENTA MILHÕES

POR ELIANE AQUÁRIUS

REESCREVI O MEU DESTINO

Uma menina simples, humilde e alegre, que sempre se destacou por ser diferente e original em sua personalidade e suas atitudes; que, apesar das situações difíceis, sempre sorria e sonhava com um futuro de realizações, fazendo transparecer um arco-íris em seu rosto. De coração aberto e cheia de esperanças, ela sempre via o lado positivo da vida. E mesmo em tempos de frio, chuva e escassez de uma realidade sofrida, essa menina jamais deixou sua imaginação morrer, pois sempre pensou e desejou o melhor para a sua família. Assim ela pintava, com cores vibrantes de sua risada contagiante, um cenário sem contraste e sem vida.

A felicidade de sua infância girava em torno de suas ideias, que sempre eram inovadoras e livres de qualquer tabu ou bloqueio de sua época. Sempre à frente do seu tempo, em cada passo e a cada semeada, ela plantava uma semente com sorriso no rosto, levando com elas as suas intenções. Com fé e lágrimas de convicção, desejava que germinassem os seus sonhos de que um dia voaria com seus projetos por todo o mundo.

Desde jovem, suas capacidades criativas eram únicas, o que a tornava sagaz em determinar os seus planos com perspicácia e afinco. O significado de ser implacável estava gravado em seu coração e, a cada desafio, era gerada mais força de vontade e convicção em superá-los. Mesmo sendo muitas vezes privada do seu direito de ser criança, por conta de várias responsabilidades, esse pequeno prodígio sempre deixava sua imaginação fluir para além das grades oprimentes de sua situação de vida e sem nunca permitir que algo ou alguém podasse suas asas e seu jeito de ser. Com o seu brilho único e diferente, essa jovem moldava a sua realidade como queria, fazendo da sua infância escassa uma experiência incomum, que mais tarde moldaria seus princípios e caminhos.

Ao longo de seu crescimento, dia após dia, essa promissora jovem sentia-se conectada com uma intensa necessidade de dar valor e significado às suas atitudes; desbravava todos os desafios que, para os outros, eram impossíveis, pois estava conectada com os seus princípios e propósitos, o que a tornava altamente resiliente e adaptável às circunstâncias. Cada obstáculo que aparecia ela agregava ao seu senso de identidade e propósito de vida e, assim como uma pedra filosofal que tudo o que toca transforma em ouro, tudo o que tentava bloqueá-la em seu caminho era transformado em valor, que a enriquecia de poder pessoal e capacitações.

Por ter uma mente mais aberta e à frente dos tabus de sua época, muitas vezes sua personalidade não era bem-vinda entre amizades e grandes círculos sociais. E, apesar de pequenos abalos, essa jovem sempre encontrava maneiras de revolucionar todos os padrões e superar todos os limites que eram impostos a ela, inclusive aqueles que eram impostos por seu pai, mas, mesmo ele sendo uma figura de grande influência em sua vida, o espírito dela era ainda mais poderoso, levando-a a observar o céu infinito que guarda os mistérios atemporais e que alimentava sua intuição de ideias e inspirações ímpares. Sempre muito inteligente, ela questionava tudo e todos, pois sua mente avançada não se conformava com superficialidades ou comodismos.

Apaixonada por cada dia e sempre com um olhar brilhante e cheio de confiança, qualquer bloqueio lhe servia de degrau para seu sucesso.

Embora passasse por muitas mudanças emocionais, os seus instintos de curiosidade a impulsionavam a buscar vários conhecimentos e conceitos que a faziam compreender cada vez mais a si mesma e a sua vida. E, ao longo dessa trajetória, ela se deparava com muitas questões que refletiam o seu passado. E em meio a memórias de opressões e instabilidades, sua mente a direcionava por diversos caminhos a fim de encontrar alternativas que lhe possibilitassem definir novas histórias para seu futuro na tentativa de não deixar sua criança sonhadora morrer.

Por meio desses caminhos, pouco a pouco foi construindo seu domínio com base em tudo o que passou, porque na mais profunda ala de sua alma o alcance de suas grandes conquistas já estava decretado. E, assim, cada atitude e cada ideia possuíam fundamento e finalidade promissora, levando essa jovem a crescer ano após ano, o que a fazia romper com todos os platôs e fazer a diferença em toda a sua ancestralidade. Além disso, apesar de alguns medos ou inseguranças acerca de seu lugar do mundo, o arquétipo da mulher vencedora e empoderada estava firmado em sua essência e, diante dos entraves, tornava-se cada vez mais forte. Esse poder oculto sempre esteve com ela na forma de um desejo sutil que ecoava em sua mente, e esse desejo era o de mostrar ao mundo todas as suas qualidades e capacidades e superar qualquer barreira física, financeira, como também social, pois precisava ardentemente superar o estigma social que oprimem as mulheres vistas como sexo inferior.

Em alguns momentos, tanto as pessoas à sua volta quanto suas condições de vida tentaram fazê-la desistir, tentaram impor a ela uma crença de que seu destino era continuar na escassez, sem qualquer reconhecimento, mas no fundo ela sabia que não tinha nascido para obedecer a um propósito pré-estabelecido. Em vez disso, com a força de seu espírito, essa jovem aprendeu que acreditar em si mesma superava qualquer tendência destrutiva e, assim, pela força de sua consciência, de menina renasceu como uma mulher, dona de sua vida, de seus desejos, e principalmente de seu destino.

Hoje, essa mulher ergueu o seu império, o mesmo império que um dia quando criança plantou junto com as sementes no solo, sob o ardor do Sol em seus olhos lacrimejados de suor e esperança. Essa mulher é o exemplo vivo de que dinheiro são apenas dígitos que podem ser conquistados por aqueles que acreditam em si mesmos, que lutam por um propósito e fazem disso seu valor e, acima de tudo, por aqueles que não deixam jamais a sua criança sonhadora morrer ou se perder nas dificuldades da vida. Isso significa não perder a fé e acabar se conformando em ser mais um número nas mãos do sistema, mas sim usar a força de sua existência para gerar um significado de valor para sua identidade.

"Quando você acreditar em uma coisa, acredite até o fim, de forma implícita e inquestionável" (Walt Disney)[1].

Após uma história de fracassos e vitórias, altos e baixos, eu, Eliane Aquárius, no pico do meu sucesso, busco, por meio da conexão e transformação, voar por todo o mundo em busca de revolução. Quero realizar mudanças de paradigmas por onde passar, pois eu vim com um propósito que vai além das perspectivas dessa era, pautada em limites sociais e ideológicos. O que sonhei conquistei, e quero compartilhar essas conquistas com todos quantos estiverem dispostos a sair da zona de conforto e reprogramar a sua ancestralidade.

Eu vejo o destino como um ciclo de tendências que seguimos sem perceber, pois esse ciclo é formado por um sistema pré-condicionado no subconsciente, que também está presente desde o nosso nascimento até a morte, do DNA até as nossas atitudes, que por meio de medos, bloqueios e complexos psicológicos moldam os nossos hábitos, nossas escolhas e nossos pensamentos. Onde não temos consciência, ali está o destino que dirige a nossa vida sem que controlemos. Porém, à medida que desenvolvemos o arquétipo do Sol em nossas vidas, ou seja, nossa consciência, os antigos condicionamentos são superados e transformados em livre-arbítrio, que é a liberdade de você decidir o que deseja viver.

Para que esse arquétipo seja desenvolvido, faz-se necessário que o indivíduo supere os medos, os bloqueios e os complexos de sua mente, para que renasça como um ser de sucesso e, que dessa forma, assuma uma nova identidade e propósito de vida. E do mesmo modo que eu reescrevi a minha história com um outro desfecho, assim quero ajudar aqueles que estiverem dispostos a assumirem o volante de suas

[1] MARTIN, Kevin. **Perceive This!**: How To Get Everything You Want Out Of Life By Changing Your Perceptions. [*S.l.*]: iUniverse, 2004.

vidas, pois vós sois Deus, imagem e semelhança do Criador e donos do próprio destino.

“EU COMPRO O QUE A INFÂNCIA SONHOU.”

ELIANE AQUÁRIUS

FILIPE OLIVEIRA MOTA

Olá, eu sou o Filipe Oliveira Mota. Nascido em 1993; sou natural de Belo Horizonte/MG. Com minha família, sempre desfrutei da cultura do meu estado e celebrei a fé cristã.

Filho de Silvio, entendi por suas atitudes o valor da persistência, da força e da honra. Com meu irmão, Tiago, descobri valores de liberdade e da importância da busca pelo conhecimento. Ambos foram essenciais para meu processo de amadurecimento. Contudo, foi principalmente com os valores de espiritualidade de minha mãe, Ofélia, que assimilei o conteúdo transformador que irei dividir com vocês.

Hoje, sou diretor de operações da rede de restaurantes Boneca de Lili e realizo um programa de capacitação de pessoas para assumirem cargos de responsabilidade chamado Liderança Consciente, voltado para líderes operacionais. Sou bacharel em Administração e especialista em Liderança. Todos os contatos em: www.linktr.ee/mentordelideres.

11

O ENCONTRO COM A CONSCIÊNCIA

POR FILIPE OLIVEIRA MOTA

Passar a viver a vida não só como quem vive, mas também como quem observa a própria vida é o grande ajuste de perspectiva que quero propor aqui. Mas não basta observar pelos vieses de nossa mente. É preciso atingir um nível mais profundo e mais limpo, encontrar com nosso embrião divino, com o Espírito Santo, ou com a nossa pura **consciência** (como preferir chamar). Ao contrastar meus hábitos e resultados antigos com os hábitos e resultados de agora, muitos me perguntam qual foi o momento de **virada de chave** em minha vida. Olhando para trás, eu percebo um processo que envolveu diferentes acontecimentos e não um momento singular de iluminação. O despertar é individual e gradual, e eu separei este momento para compartilhar a minha experiência, sanando de vez essa dúvida e, quem sabe, contribuindo com uma nova visão de nosso mundo interior.

ANTES DO DESPERTAR

Desde muito novo sou apaixonado por esporte e competição, tendo sido o futebol a minha maior expressão de amor ao longo da vida. Passei boa parte da infância e da juventude jogando nas quadras ou nos campos de minha cidade natal e torcendo para o meu time de coração: o Atlético Mineiro. O futebol rendeu-me muitos frutos e grandes experiências: pude fazer três viagens ao exterior para competir (uma para os Estados Unidos e outras duas para a Europa), tive bolsa escolar no Ensino Médio para jogar futebol pela equipe do colégio, joguei torneios renomados contra grandes atletas e grandes clubes de base e, ao perceber que o nível competitivo estava se fechando para a performance profissional, e que muitos atletas ficariam sem ter onde jogar, fundei uma Liga de Futebol 7 Society que chegou a protagonizar entre as maiores do país.

Na Liga Central (nome da instituição que fundei junto ao meu amigo Breno Nunes), tive grandes experiências de gestão, empreendedorismo e liderança. Estive ativo nesse projeto dos 15 aos 22 anos de idade e tinha grandes planos e boas habilidades para fazer crescer aquela estrutura. O trabalho consistia em organizar e realizar competições regionais para times amadores da cidade. Tínhamos um calendário com competições anuais e, como uma "cereja do bolo", eu montava uma seleção para viajar pelo país jogando campeonatos nacionais da modalidade. Essa última era minha parte preferida, pois, à medida que os campeonatos que produzíamos ficavam maiores (com mais de cem times filiados e mais de mil atletas inscritos), eu não tinha mais espaço para figurar como jogador enquanto também organizava os torneios. Montar um grande time e viajar para jogar futebol foi uma realização para mim.

Contudo, em 2016, ainda cursando a graduação em Administração pela Pontifícia Universidade Católica de Minas Gerais (PUC-MG), tive que tomar uma decisão que mudou minha vida e me trouxe lições que venho compartilhar com você aqui. Entendendo que a história da minha família foi construída na base de compromisso e superação, eu sentia que já era o momento de trazer maiores contribuições ao legado de meus pais. Silvio fundou em 1998 um restaurante de comida a quilo chamado Sabor & Vida, que contava com duas unidades em Belo Horizonte. Eu acompanhei ao longo da vida que esse modelo de negócio lhe trazia grandes desafios diários. Começar a contribuir com meus conhecimentos de gestão e experiência em liderança parecia-me essencial e acabei envolvendo-me cada vez mais com a operação das empresas.

É impossível concentrar a energia e evoluir com o foco dividido entre dois projetos de tamanho impacto. Liga e Restaurante, juntos, já estavam começando a me gerar um nível de estresse elevado e eu tive de optar, com convicção e clareza, por aquele que gerava maior resultado financeiro e contribuía para o sustento de toda a minha família. Além disso, meu pai passou por um problema de saúde e, devido a fortes dores de coluna, teve que se ausentar do trabalho operacional, tornando ainda mais nítida para mim a necessidade de me empenhar inteiramente naquele que era o seu maior trunfo profissional.

A REPENTINA PERDA DA IDENTIDADE

Abandonar o futebol completamente, como fiz aos 22 anos, após uma vida inteira em que ele havia sido um pilar central que estruturava minha personalidade, foi como abdicar de um pedaço de mim. Contudo, eu estava completamente envolvido com as novas demandas profissionais do restaurante e não consegui me dar conta do que estava deveras acontecendo.

No restaurante, abríamos de domingo a domingo e, naquele momento, não tínhamos uma equipe gerencial robusta e talentosa para suprir todas as necessidades de tomada de decisão. Isso significa que, se eu não estivesse muito presente, decisões erradas de consequências impactantes acabariam acontecendo e isso geraria perdas em diferentes áreas. Era tão difícil construir naquele contexto em que eu me encontrava que eu não podia dar a chance para ninguém atrasar ou prejudicar o progresso. Além disso, eu também não tinha nenhum domínio técnico culinário e o universo da cozinha nunca me pareceu atrativo. Mas eu sempre adorei desafios e esse cenário incerto gerava-me entusiasmo.

Aos poucos, fomos reestruturando alguns processos, criando novos métodos de trabalho, recrutando parceiros para somar conhecimento, refinando o trabalho da equipe e elevando o desempenho da rede que acabava refletindo no lucro do fim do mês. Honestamente, acho que me adaptei melhor do que poderia imaginar diante de tamanha responsabilidade com pouca idade e nenhuma experiência no ramo. Não tenho dúvida de que as habilidades de liderança e equipe que eu aprendi ao longo de toda a minha vida me foram muito úteis para superar aquela pressão e que o aprendizado acadêmico foi essencial para elevar o nível do trabalho de todos.

Com o resultado "debaixo do braço" e acreditando no trabalho que vinha sendo apresentado ao longo desses dois anos, acabamos por decidir inaugurar uma nova unidade em 2018. Nesse momento, meu pai, Silvio, já se sentia recuperado das dores de coluna e se apresentava pronto para retomar a expansão do negócio. Com incontáveis falhas de planejamento e um erro grosseiro de cálculo sobre a capacidade das pessoas envolvidas nesse projeto (inclusive a minha própria capacidade), começamos os trabalhos na nova loja "com o pé esquerdo". Pela primeira vez, Silvio e eu passamos a trabalhar juntos em uma operação de verdade e os resultados foram bastante danosos para nossa relação pessoal. Não havia distinção nenhuma entre o meu lar e o ambiente de trabalho, porque já acordávamos falando de problemas corporativos e íamos dormir falando de dificuldades operacionais. Oposição de ideias e uma ausência de paciência mediante um novo cenário de negócio fizeram com que tivéssemos conflitos relacionais severos pela primeira vez na vida. Incontáveis equívocos de toda natureza de gestão renderam a esse novo empreendimento amargos prejuízos e grandes dificuldades desde o dia de sua inauguração.

Mediante uma sequência de frustrações, fui me sentindo abatido. Como se não bastasse a nova loja entregar pontos de desvio do nosso padrão de trabalho, o desempenho da unidade que eu costumava ficar anteriormente também começou a oscilar. O time não estava sustentando a performance com a minha ausência. Era correr de um lado para o outro para tentar resolver um problema e, pouco tempo depois, o mesmo problema estava instaurado de novo. Comecei a sentir calafrios com o toque do celular, estava extremamente explosivo, meu cabelo estava caindo, e eu comecei a desenvolver uma desconfiança sobre a boa intenção das pessoas. Eu me sentia perseguido pelo meu próprio time. Minha mente, que sempre traçava bons planos e antecipava diversos cenários com maestria, já não era capaz de acertar uma previsão sequer.

O FUNDO DO POÇO

Certo dia, após receber logo pela manhã uma ligação de um gestor de loja pedindo "socorro" mediante um problema de fácil solução, caí na real de que eu estava sozinho nessa luta inútil. Na verdade, antes estivesse, pois dessa forma não teria a ilusão de que podia contar com alguém. Fui tomar banho para descer ao trabalho e começar a resolver as demandas e, ao lavar a cabeça, tufos de cabelo saíam em minhas mãos. Eu me recordo de dar socos na parede de raiva. Fechei o registro do chuveiro, saí meio molhado e troquei de roupa rápido para pegar meu carro e ir trabalhar. Manobrei para sair da garagem e, já de frente para o portão de saída do condomínio, errei a saída e bati na pilastra. Indignado, sem entender como isso tinha acontecido, dei ré no veículo e repeti a manobra, mas dessa vez consegui sair. No entanto, escutei assobios e gritos com meu pai vindo atrás de mim correndo. Ele não permitiu que eu continuasse o trajeto.

No dia seguinte eu estava no psiquiatra diagnosticado com Transtorno de Ansiedade Generalizada (TAG) e síndrome de burnout. Nos dois anos seguintes eu "tirei um pouco o pé do acelerador" do trabalho e, com a ajuda de remédios controlados, comecei a tentar me reestruturar. Passei por acompanhamento de diversos profissionais da área da psique humana, mas nunca consegui encontrar sentido nesse tipo de direcionamento, pois, na verdade, eu não acreditava neles. Como alguém poderia ser capaz de me dar um direcionamento sem ter um conhecimento absoluto da minha realidade e dos meus pensamentos? Eu achava que só eu poderia me ajudar (o que estava correto) e eu também achava que não precisava de ninguém (o que era um equívoco absoluto).

Caro(a) leitor(a), o que você achou da leitura do capítulo feita até aqui? Identificou-se de algum modo? Aqui convido você a terminar a leitura deste capítulo pela linktree, que também dá acesso a minhas redes sociais, lendo o QR code a seguir ou acessando o link https://www.linktr.ee/mentordelideres.

> AQUELE QUE TUDO VENCE, MAS NO FINAL PERCEBE QUE PERDEU A SI MESMO: EIS O PIOR DOS PERDEDORES.
>
> FILIPE OLIVEIRA MOTA

FLÁVIO SILVA SANTOS

Flávio Silva Santos, engenheiro e empreendedor. Casado com Ivana C. Reis Santos, abençoado e agraciado por Deus com Isabelle, de 9 anos, e Guilherme, de 6 anos. Filho de Sirlane (Lane) e Antônio Xavier (Xavier, *in memoriam*), cujos valores passavam para todos seus filhos de forma simples e sábia.

No início da minha carreira profissional como engenheiro, tive várias oportunidades e o privilégio de trabalhar em renomadas empresas nacionais e multinacionais, em que ocupei cargos sempre de liderança. Durante o período de ascensão profissional, tive os maiores ganhos e as maiores perdas. Tudo isso fez com que eu me desviasse dos meus princípios. Somente ao refletir sobre a palavra de 1 Timóteo 6:10 é que tudo mudou e, nesse momento, houve a transformação. Conectei-me com o fundamental da vida abundante, amor e família.

souoflaviosantos
fenergy.eng.br
eng.flaviosantos@gmail.com
+ 55 (71) 99120-8539

12

A JORNADA DE TRASFORMAÇÃO

POR FLÁVIO SILVA SANTOS

Durante muito tempo eu fiquei achando que estava fazendo a trajetória crescente na minha vida, quando na realidade estava tendo altos e baixos, uma senoide, com picos e vales. Você sabe o que significa isso? Um determinado tempo está por cima e um determinado tempo está por baixo. Mas não é isto que Deus deseja para nós, Ele tem pensamento de paz e não de guerra. Fomos criados à imagem e semelhança dEle para termos a vida, e a termos em abundância.

Fui o único a me formar na faculdade, de minha família com doze irmãos. Não conto para poder me sobressair, mas para mostrar que, com decisão e ação, podemos alcançar objetivos inimagináveis. Sou o penúltimo filho de meu pai; minha mãe teve a mim e, depois, ao meu último irmão. Quando criança, eu sempre fui autoconfiante e decidido naquilo que almejava. Praticava o empreendedorismo sem saber que esse conhecimento de criança iria servir para o meu futuro. Sempre que surgia um período do ano em que tinha moda de soltar pipa, lá estava eu, fabricando-as para vender, comprando linha no armarinho para poder revender. E para todo o dinheiro que ganhava fazia, uma divisão, guardava 60% para gastar comigo e os outros 40% eu reinvestia para lucrar ainda mais. E minha infância seguiu dessa maneira: fabricando carrinho de rolimã, criando carro de Fórmula 1 com lata de óleo (e de chinelos Havaianas® fazia os pneus dos carros). Era divertido, mas eu tinha no fundo a visão de empreendedor sem nem saber. Tudo naquele momento não passava de brincadeiras e desafios. O importante era me destacar dos demais e ainda poder ajudar alguns amigos de infância. Tudo isso fez com que eu crescesse com a mentalidade de querer trabalhar, mas minha mãe e meu pai sempre mostraram que o caminho mais certo para ser alguém melhor na vida é o conhecimento e os estudos.

Quando completei 16 anos, minha mãe deixou-me ir trabalhar com meu tio na marcenaria, onde eu podia ajudá-lo a construir móveis e deixar as residências das pessoas mais bonitas e organizadas. Apaixonei-me por animais; meu irmão trabalhava em um canil e, nesse tempo, aprendi a profissão de adestrador, até chegar à profissão de vendedor de calçados. Aí você vai me perguntar: por que você está falando tudo isso? Porque tudo isso me trouxe aprendizados, alguns com crenças limitantes que me paralisaram durante muito tempo.

Depois de um tempo como vendedor de calçados e tendo passado por várias lojas, sendo promovido e sempre ficando entre os melhores vendedores da rede, resolvi que não queria mais ser vendedor e que iria estudar. Foi nesse momento que mais uma crença se instalou no meu HD cerebral: vender não dá dinheiro. Parei tudo na minha vida para me dedicar a estudar, e no período de dois anos estudei até passar na faculdade para cursar Engenharia Elétrica. Como vim de escola pública, tive que aprender tudo que nunca tinha visto e, sem saber, todo esse estudo estava me preparando para o que vinha pela frente. Como só queria matérias exatas e sempre meu ***mindset*** estava voltado para o retorno financeiro, fui cursar numa faculdade particular para poder estudar à noite e trabalhar durante o dia. Só que não consegui trabalho e meus pais não podiam me ajudar como gostariam, foi quando percebi que muitos que entravam na faculdade não davam continuidade ao curso, porque tinha muito cálculo e muitos não possuíam a base matemática. Nesse momento, tive a ideia de conversar com o diretor para poder diminuir a evasão da instituição. Marquei uma reunião com o diretor e levei uma proposta. Eu iria mentorear os novos alunos ensinando matemática e física, diminuindo a evasão dos alunos e, em contrapartida, o diretor daria um bom desconto na mensalidade para que eu pudesse continuar a estudar. E assim foi feito, os dois anos de estudo e aprendizado serviram-me de conhecimento para ajudar mais pessoas a se formarem em Engenharia, e ainda me renderam desconto.

Na época de faculdade, eu já namorava minha esposa, e minha formatura marcou também nosso casamento. Nós nos casamos em dezembro de 2004, e eu me formei em fevereiro de 2005. Logo comecei a trabalhar como engenheiro em uma empresa de energia elétrica; as habilidades técnicas permitiram resolver desafios com facilidade e subir de cargo muito rápido. Fui ganhando credibilidade, confiança e dinheiro. Com ele vieram mais amigos, viagens e uma mudança de comportamento. A pessoa com quem eu havia me casado parecia menos importante e o mundo apresentava-me novas experiências, novos amigos. Com isso, vieram as bebedeiras, as mentiras, as traições, tudo que traz a ruína de um homem (ver Provérbios 19:4-5).

Perdi meu rumo, estava em uma trajetória sem direção, buscando apenas prazeres momentâneos. Abandonei o meu casamento, mas o machismo não permitia que a deixasse seguir em frente. Sempre deixava espaço para poder retornar.

A busca por prazeres transformou-me, trazendo à tona comportamentos que nunca imaginei ter, afastando-me de quem Deus me criou para ser.

Nesse momento eu já estava com ar de grandeza, um ar de superioridade, pois para mim eu achava que eu tinha tudo, dinheiro, amigos e mulheres, porém foi nesse momento em que até o trabalho (pelo qual eu tinha a maior dedicação) aos poucos deixou de ser prioridade. E fui alimentando cada vez mais esses sentimentos e isso foi crescendo. Em toda empresa a que eu chegava, eu dava meu 100% sempre trazendo resultados positivos, mas não ficava muito tempo, pois àquela que me oferecia uma bonificação melhor eu partia; eu não tinha compromisso com uma única, só ganhava o dinheiro para saciar o meu prazer e mostrar para as pessoas que podia fazer o que quisesse. E, durante essa jornada, os sinais de decadência foram aparecendo, mas eu não me dava conta. Foi quando tudo começou a dar errado. Meu mundo começou a ruir. E os amigos sumiram, o dinheiro acabou, e quando vi estava no fundo do poço. E, estando lá, descobri que o poço não tem fundo, quanto mais se cava, mais se entra dentro do buraco. Comecei a culpar o universo por tudo que estava acontecendo comigo (ver Gálatas 6:7-9), sendo que tudo que estava acontecendo era de minha total responsabilidade e plantação. Estava apenas colhendo o que cultivei ao longo dos anos.

Foi quando a decadência se instalou de vez e busquei soluções em várias religiões, acreditando que encontraria resposta para a minha vida das coisas que estavam acontecendo, as quais eu mesmo plantei. Mas nada disso aconteceu.

Cada vez mais desacreditado da vida, não conseguia mais trabalho. Enxerguei em rodar aplicativo a única oportunidade. Com orgulho, soberba e autossuficiência, não tinha coragem de fazer nada na vida. Porém, você acha que com tudo isso eu melhorei? Eu só fui piorando, pois não tinha humildade de pedir ajuda. Pensei que a solução para terminar com tudo isso era tirar a minha própria vida, já que tudo que fazia estava dando errado. Mas eu não lembrava de tudo que vinha semeando e estava colhendo. Nesse momento, ouvi uma voz dizendo: "Pare de cavar sua cova e volte-se para mim" (ver Jeremias 29:11).

Meus relacionamentos fracassaram e minha saúde mental desmoronou, levando-me a pensar que a única saída era tirar minha própria vida.

Neste momento encontrei uma carta que meu pai havia escrito: "Flávio, meu filho, eu estou surpreso com você pelas atitudes que você está seguindo, isso não é bom para você. Aqui você já está esquecendo de seu pai e sua mãe, por que não tem mais tempo para nos visitar" (ver Efésios 6:1-4).

Meu pai era um homem de pouca escrita, mas de uma sabedoria e de um ensinamento fantásticos. E gostava de registar todos os seus pensamentos e sentimentos. Nesse momento, a ficha caiu e vi o quanto eu estava destruindo minha vida e a vida das pessoas que me amam.

E como reverter tudo isso? Não tem mais jeito para isso. Foi quando recebi uma ligação de uma tia e ela disse que Deus poderia restaurar tudo isso na minha vida. Eu perguntei: "Mas onde estava Deus que me deixou chegar a esta situação?". Ela respondeu: "Dentro de ti, aguardando chamá-lo para restaurar e fazer aquela vida antiga morrer e nascer um novo homem" (ver João 3:4-7).

E a partir desse momento minha vida se transformou. Foi chegando a minha hora. O que estava dando errado começou a dar certo, a quem eu tinha mágoa pedi perdão e perdoei a todos. O alívio foi imediato, uma paz na alma. Eu não tinha mais medo de nada, o rancor não fazia mais parte de mim, e até o casamento foi restaurado, minha família reestruturada.

Ao pedir perdão e perdoar, permitir que Deus trabalhasse na minha vida, encontrei um propósito renovado e a paz que tanto procurava.

Sabe aquele menino que fazia empreendedorismo quando criança? Ele retornou, e agora com sabedoria divina. Tenho uma empresa na área de Engenharia, dou empregos e contribuo para o crescimento sustentável do planeta.

O segredo para tudo isso está em Mateus 6:33. Permita-se ser transformado pela fé, pois o propósito que você busca está dentro de você, esperando ser alimentado. Não espere até o último momento para ouvir a voz que clama por mudança. O poder da transformação está em suas mãos. Faça as pazes consigo mesmo e esteja pronto para aceitar as orientações que vêm do alto. Lembre-se de que a verdadeira mudança acontece de dentro para fora na confiança e dependência em Deus ao buscarmos o bem não apenas para nós, mas para todos ao nosso redor.

“PERMITA-SE, TRANSFORMA-SE PELA FÉ, POIS O PROPÓSITO QUE PROCURA JÁ ESTÁ DENTRO DE VOCÊ, ESPERANDO SER ALIMENTADO.”

FLÁVIO SILVA SANTOS

GERMANA MARTINS

Na vastidão do universo, sou Germana Martins, uma mulher cuja existência é permeada pela essência divina. Minha jornada de Brasília a Dallas é um testemunho da graça de Deus. Com três maravilhosos filhos (Igor, Nick e Mike), duas lindas netas (Laura e Helena) e uma amável nora (Brenda), encontro inspiração e apoio em minha família. Vinda de uma família de sete irmãos, sou a mais nova e a única fora do país. Sou uma mulher de fé inabalável, força imensurável e felicidade contagiante, dedicada a inspirar outras mulheres com minha história.

Fundadora da empresa Restoration Cleaning & Organizing LLC, em que minha paixão pela limpeza se transforma em propósito, e também do grupo de voluntários By Love.

mgermanamartins
Germana Martins
+1 (214) 937 1345

13

DE VOLTA À LUZ: UMA JORNADA DE FÉ E RESILIÊNCIA

POR GERMANA MARTINS

Na minha jornada, descobri o mais importante: Deus não nos pede nada, apenas que confiemos 100% nEle. Saí do Brasil aos 36 anos de idade, rumo a Dallas. Comecei trabalhando na limpeza, passei pelas dificuldades como todos que decidem deixar sua terra natal: saudades, tristeza, solidão e até mesmo um certo arrependimento. Com mais ou menos um ano aqui decidi que teria que mudar minha vida, meu modo de ver as coisas, e comecei a amar esse lugar em que hoje sou muito feliz. Aos 39 anos eu e meu companheiro decidimos ter um filho, que hoje tem 15 anos.

Com mais ou menos sete anos aqui, enfrentei minha primeira batalha, quando tive que me apegar muito a Deus para superar: meu filho mais velho envolveu-se com drogas, o que fez meu mundo desabar. Diante de uma dor solitária, em que fui "julgada" culpada, encontrei refúgio em Deus e aí começou minha jornada de fé. Depois de noites em claro e desespero total, resolvi deixar nas mãos de Deus, então comecei a dormir melhor e, literalmente, comecei a ser acordada pelo Espírito Santo quando meu filho estava em perigo. Digo isso porque depois conversamos e quando ele me relatava algum fato ocorrido eu simplesmente dizia:

"Eu sei, fui acordada para orar por você". Essa foi apenas uma das grandes provas que Deus estava no controle.

Graças a Deus, tudo ocorreu em um período curto de mais ou menos três anos. Quando eu achei que as coisas iriam se alinhar, veio o rompimento do meu relacionamento de quase vinte anos (em 15 de maio de 2017). Na época, meu filho mais novo estava com 8 anos. Sem trabalho, sem falar o idioma, apenas com a minha dor e a dos meus filhos, a minha primeira reação foi "E agora? O que vou colocar na minha mesa?", mas logo veio a providência de Deus. Na época, comecei a ouvir muitas pregações, louvores e orações. Foi quando ouvi uma pregação que dizia "Não importa o tamanho do seu problema, não peça a Deus que o solucione, peça apenas por paz", e foi o que fiz.

Mas eu precisava de mais. Precisei aprender a perdoar e ser perdoada – sim, muitas vezes achamos que o outro erra e tem que ser perdoado, mas não é bem assim. Descobri que eu deveria me perdoar primeiro para depois perdoar alguém. Temos a tendência de jogar a nossa culpa, nossos fracassos e dores na conta dos outros. E assim começou meu processo. Tive experiências fantásticas com o mundo espiritual, o que para mim era aterrorizante, e isso se tornou mais um desafio. Eu orava e declarava frases prontas em todo momento que eu tinha sentimentos ruins de raiva e desprezo, frases como "Eu opto pelo perdão", "Eu preciso de paz", "Eu não temo o amanhã", e assim por diante.

Eu trazia comigo desde os 8 anos um problema muito sério: eu tinha medo de tudo, crises de pânico. Muitas vezes achava que iria enlouquecer ou ter um infarto. Ninguém sabia desse problema, apenas Deus e eu, mas Ele já tinha data para isso terminar. Em uma noite de muita tristeza e dor, após passar mais uma noite em claro, ao amanhecer o dia, tive uma sensação incrível de paz e ali descobri que estava completamente curada, Ele sabia que eu precisava disso para seguir minha vida. Comecei a sentir prazer em ficar sozinha, a dormir sozinha. Chorei por muitas noites, agradecida por aquela cura, ainda hoje me emociono com a grandeza e sempre menciono que o Deus que vemos quando lemos a Bíblia é o mesmo, Ele continua operando milagres incríveis.

A partir daí, comecei a encontrar o meu eu. Costumo brincar que hoje não tenho medo nem das cobras. É claro que tive o suporte de alguns amigos, mas foi principalmente Deus que me mostrou quem eu era e quem era Ele na minha vida.

Comecei a limpar casas, era como eu poderia fazer um dinheiro rápido, mas também não tinha outra opção. Foi quando pensei: "Estou um pouco velha para começar a limpar casas, até onde vou?", e aí veio a ideia de abrir uma empresa – tudo guiado por Deus, é claro. Fui ao cartório, registrei uma empresa com o nome de Positive Services, passei no banco e abri uma conta de negócios. Foi até engraçado, porque eu comecei a pegar casas para limpar e, muitas vezes, o cliente falava o valor, eu não entendia bem, mas para não ficar chato eu agradecia e ia embora, e só saberia realmente o valor quando voltasse para limpar. Lembro-me de que, na época, peguei uma casa por 160 dólares. Saí de lá agradecida, mas na dúvida se a cliente havia falado 60 ou 160 dólares. Ainda assim chorei agradecida. Quando voltei, eram mesmo 160 dólares. Cada casa que eu conseguia era uma emoção; as pessoas questionavam-me como consegui minha agenda tão rápido, e a minha resposta era uma só: Deus.

Em pouco tempo, eu estava com minha agenda fechada, duas casas por dia, todas muito próximas à minha casa. Eu realizava a limpeza com uma ajudante. Isso me permitiu cuidar do meu filho. Para ele foi muito difícil, eu o levava à escola todos os dias e quando ele chegava eu estava com o almoço pronto; conversávamos, orávamos e eu sempre falava para ele do amor e cuidado de Deus por nós. Durante o dia, eu alternava o trabalho e o cuidado com meu filho. Por muitas noites ele dormia chorando e eu passava a noite em claro, muitas vezes chorando também. Meus filhos nunca me viram chorar ou reclamar de nada, mas foi mais de um ano de noites maldormidas, mas, incrivelmente, nunca senti tanta paz na minha vida. Havia noites em que eu sentia minha cama flutuar; era linda a presença de Deus. Sempre fui muito vaidosa, mas, na época, Deus colocou um amor tão grande por mim, dentro de mim; foi incrível. Sou muito positiva e cheia de gratidão, mas por algumas vezes me vi doente, ou até mesmo indisposta, então eu entendia que precisava descansar. Agradecia a Deus por aquele dia de folga que ele havia me proporcionado. Um dia, eu estava literalmente chorando; levantei-me, enxuguei as lágrimas e falei para mim mesma: "Vou buscar quem tem problema de verdade, porque isso vai passar", foi quando resolvi abrir um grupo de voluntários no intuito de fazer visitas a um lar de idosos próximo à minha casa, com o nome By Love ("por amor", em tradução literal). Hoje, continuo ali com quase seis anos. Tinha dias em que me arrastava pelos corredores, com tanta dor, mas descobri que ali minhas forças eram renovadas. Tive e tenho experiências fantásticas naquele lugar. Muitas vezes acreditamos estar ajudando alguém, mas somos nós que estamos sendo ajudados. Para mim, não tem nada mais gratificante do que estar ali.

Minha vida foi tomando outro rumo. Minha empresa começou a crescer e aí veio a ideia de mudar o nome dela. Com base em tudo o que vinha acontecendo não podia ter nome melhor que Restoration, Cleaning & Organizing ("restauração, limpeza & organização", em tradução literal). Isso mesmo, minha vida estava sendo restaurada. Diante da minha dor, descobri que, quando estamos tristes, temos uma tendência a irmos deixando as coisas de lado, então comecei a limpar e organizar as casas, mudar móveis de lugar, pendurar quadros nas paredes, encontrar objetos de decorações e espalhar na casa – uau! –, a reação dos clientes era incrível: choravam, abraçavam-me agradecidos e muitos deles depois começavam a trocar os móveis, deixando a casa nova. Eu saía de uma casa supercansada, mas muito feliz e agradecida, acreditando ter feito o bem. Isso é realmente prazeroso.

Aí veio a pandemia. Como todos sabem, foi um momento de escassez. Fiquei com apenas dois clientes, que resolveram que me pagariam mais pelo período de crise. Pura benção, pois meu filho ficava sozinho em casa e tive esse tempo para nós. Mas o mais importante: mais uma vez, era Deus me mostrando que não existe crise quando estamos alinhados a Ele. Nunca me faltou nada, pelo contrário, ainda continuava economizando dinheiro. Em 2020, troquei meu carro, e ai veio a ideia de comprar minha própria casa. Sim, comprei uma casa, e costumo dizer que não comprei, mas que Deus me presenteou com ela. Mais um milagre; pelos meus números eu não tinha condições, mas comprei. Exatamente no dia que completei quatro anos sozinha, acordei dentro da minha casa.

O processo da compra foi incrível: aqui, quando vamos comprar casas, temos que fazer um lance e esperar para ver se "ganhamos". Fiz exatamente seis ofertas e todas foram negadas, mas a cada não eu declarava que, com certeza, aquela não era para mim. Eu simplesmente dizia: "Senhor, eu não tenho nem ideia de onde vou morar, mas uma coisa eu sei, o Senhor sabe, eu tenho certeza de que já tem minha casa reservada". Nesse processo, o meu filho estava muito triste com a ideia de mudar de escola, seria mais uma perda para ele. Onde morávamos era bom, mas ele não tinha amigos. Ele vivia muito só e eu sempre dizia a ele: "Filho, Deus tinha o melhor para nós. Não se preocupe, Ele vai nos colocar em um local bom". No dia em que dei a oferta na minha casa, fui informada que só haviam duas casas disponíveis, mas apenas uma estaria dentro do que eu precisava, uma vez que a outra só seria entregue depois de uns meses. Sem visitar a casa, autorizei a oferta e veio o sim. Sim, comprei uma casa sem vê-la. Quando eu entrei na minha nova casa, chorei muito, pois tinha exatamente tudo o que eu queria. Minha casa foi construída em 2018, eu me mudei para ela em 15 de maio 2021 e, como Deus é um Deus de detalhes, meu filho pôde continuar na mesma escola, e com muitas crianças na vizinhança. Hoje posso dizer que meu filho tem vida de brasileiro: corre, brinca na rua, vai para piscina e tem muitos amigos da mesma idade. Ainda me emociono ao ver a vida que nos está sendo proporcionada nesse lugar. Quando nem eu mesma acreditava, tudo aconteceu.

Coincidência? Não: Deus. Data de entrega deste conteúdo: 15 de maio de 2024.

Minha empresa vem sendo estruturada. Eu creio que para tudo há um tempo. Recentemente entrei no mundo de mentorias buscando crescimento pessoal e empresarial. E, assim, diante das ruínas, ergui os alicerces de uma nova vida, construída sobre os valores da fé, da coragem e da determinação, pois, no fim das contas, eu descobri que, mesmo nos momentos mais sombrios, quando tudo parece perdido, sempre há uma luz brilhando no horizonte, uma mão estendida para ajudar, um Deus que nunca nos abandona.

Meu versículo de inspiração: "Ora, a fé é o firme fundamento das coisas que se esperam, e a prova das coisas que se não veem" (Hebreus 11:1).

"A FÉ TRANSFORMA ADVERSIDADES EM OPORTUNIDADES. CONFIEMOS QUE DEUS NOS GUIA, ILUMINANDO CADA PASSO NO DESCONHECIDO."

GERMANA MARTINS

IGOR MONTENEGRO

Sou o Igor Machado Montenegro, casado com Roselena Montenegro dos Anjos Machado. Somos pais do Igor Machado Montenegro Junior. Natural do Rio de Janeiro/RJ, onde resido, formado em Teologia, pelo seminário teológico evangélico Filadélfia (STEF), e formando na Faculdade de Ciências, Educação e Teologia do Norte do Brasil (FACETEN). Pastor auxiliar na Igreja Batista Nova Filadélfia, em Rocha Miranda.

Estudo direito na Universidade Estácio Sá e atuo na área comercial há mais de vinte anos.

Sempre procurei enxergar a vida por um ângulo positivo, porém desprezava a sabedoria contida na Bíblia Sagrada e não tinha simpatia com igrejas cristãs. Era avesso a elas até viver uma experiência marcante que mudou toda a minha vida.

pr.igormontenegro
pr.igormontenegro@gmail.com
+55 (21) 99605-4501

14

OUVIR E SE CONHECER É O CAMINHO PARA ROMPER

POR IGOR MONTENEGRO

Desde a infância, sabia que Deus existia, porém não acreditava, e por muitos anos tive uma resistência de acreditar em pastores e igreja cristã. Mesmo sem conhecimento de causa, desconfiava da veracidade. Algumas vezes sozinho, ia para a parte de cima da casa, olhava para o céu e perguntava se Deus estava lá.

Entre a adolescência e a juventude, algumas pessoas evangélicas, desconhecidas para mim, e em diversos lugares aleatórios – como em transporte público, nas ruas do centro do Rio de Janeiro etc. –, me paravam e me diziam: "Deus o ama muito, tem uma obra na sua vida, entregue-se a Cristo". Isso me irritava tanto, você não imagina o quanto. Em minha cabeça, pensava: "Quem ele(a) pensa que é para dizer que Deus fala por sua boca?". O tempo foi passando e a frequência dessas pessoas me parando foi aumentando, até que, certo dia, eu estava meio nervoso, quando fui parado e gritei: "Só me estrego a Ele se algo extraordinário acontecer na minha vida, não acredito que Deus está com você".

Um dia, no bairro de Rocha Miranda, onde eu morava, uma amiga, a Vanessa, completou quinze anos. Ela não queria a tradicional festa, então reuniu alguns amigos em uma casa de praia para comemorar. Eram férias escolares, ficamos uns dez dias lá. A mãe dela, dona Valeria, era cristã. Sempre nos reuníamos ao final da tarde para orar, conversar e testemunhar os feitos de Deus; eu sempre questionando e indagando com certa resistência no meu coração.

Aos 17 anos, entrei numa fase de doença inesperada: sempre gozei de boa saúde, praticava esportes, mas um dia comecei a sentir dores do lado esquerdo do tórax, coisa que os remédios comuns não resolveram. Quando procurei o posto de saúde perto de casa, depois de o médico examinar, ele nos orientou a procurar um hospital com mais recursos para investigação.

Chegamos ao hospital da Santa Casa, lá fui atendido por um professor de Medicina, com seus alunos. Todos começaram a me fazer várias perguntas e suposições do que poderia ser meu caso e, indicando diagnósticos, fizeram o pedido de internação, mas quando minha mãe percebeu que as instalações, na época, não estavam muito adequadas, não autorizou que eu me internasse. Na saída, o médico sugeriu que procurássemos o hospital dos servidores do estado, e nos indicou a procurar um médico chamado Dr. Paulo, nefrologista, de quem nos deu referências. Assim fizemos.

A essa altura eu já estava bem debilitado; sentia um constante cansaço, uma fraqueza, uma sonolência, não conseguia respirar fundo, porque doía, respirava pouco a pouco, não tinha saúde para operar, nem fazer uma pulsão para aguardar o resultado da biópsia e emagrecia rápido.

A família estava muito preocupada. À noite, quando íamos dormir, minha mãe sonhava que eu estava em uma estrada, saía andando e me afastando dela até sumir da sua vista, então acordava assustada e logo ia ao meu quanto ver se eu estava respirando. Às vezes, durante o dia, eu cochilava e ela logo me sacudia para me acordar.

Fomos ao hospital dos servidores, encontramos o Dr. Paulo. Tivemos a primeira consulta, ele olhou todos os exames que tínhamos levado e pediu mais uma semana; precisava estudar o caso e falar com alguns amigos que estavam nos Estados Unidos. Fomos para casa para voltar na terça-feira seguinte.

Na semana de espera, conversei com a minha mãe que essa doença poderia não ser só de ordem natural, mas poderia ser espiritual também. Então contei para ela sobre os testemunhos que ouvi na casa de praia e pedi que chamasse a mãe da minha amiga para orar conosco lá em casa. Ela veio, orou com a gente, aceitamos a Jesus ali e senti no meu corpo mais disposição. Eu me senti melhor e consegui comer bem nesse dia.

No dia seguinte, fomos à igreja. O pastor Walter orou por nós novamente e enviou um grupo de irmãos para orar na nossa residência. E conheci uma das histórias mais famosas da Bíblia, a da mulher que tinha um fluxo de sangue:

> *Havia ali uma mulher que padecia de hemorragia por doze anos. Ela havia sofrido muito sob o cuidado de vários médicos e gastara tudo o que possuía, mas, em vez de melhorar, piorava. Quando ouviu falar de Jesus, chegou por trás dele, no meio da multidão, e tocou no seu manto, porque pensava: "Se eu apenas tocar no seu manto, serei curada". Imediatamente, a hemorragia cessou, e ela percebeu no seu corpo que estava curada daquele mal (Marcos 5:25-29).*

A experiência que passei eu divido em duas partes: a **primeira** foi passar por todos os médicos possíveis e mesmo assim não chegávamos a um diagnóstico. Eu piorava rapidamente, em meio a uma fase de incerteza e o risco de morte, a preocupação da família etc. A **segunda** foi quando entrego minha vida a Jesus; logo sinto vigor, ânimo, já consigo me alimentar melhor, sinto um amor e um cuidado me evolvendo. E quando retorno depois da semana que o médico pediu, ele passa um remédio e trinta dias depois a tomografia constatou a cura total e completa, sem sequelas.

Entre a primeira e a segunda fase está a **decisão**. Decidir é poderoso. Pai, eu me rendo, vencendo as barreiras do preconceito, a escolher a fé em Jesus e viver o propósito que Ele tem pra mim. Como foram importantes as orações, depois que aceitei a Jesus e comecei a dar ouvidos à sua Palavra; quantos ensinamentos encontrei na Bíblia. "Mas, quando você orar, vá para o seu quarto, feche a porta e ore ao seu Pai, que está em secreto. Então, o seu Pai, que vê em secreto, o recompensará" (Mateus 6:6).

Esse encontro nos desarma por dentro, é algo tão especial e gostoso de sentir, uma sensação de ser amado, um cuidado do Espírito Santo com a nossa vida – "Da mesma forma, o Espírito nos ajuda em nossa fraqueza, pois não sabemos como devemos orar, mas o próprio Espírito intercede por nós com gemidos inexprimíveis" (Romanos 8:26) –, de saber que mesmo em situações difíceis não estamos sozinhos nelas. Ah! Como é maravilhoso! "Alegrem-se na esperança, sejam pacientes na tribulação, perseverem na oração" (Romanos 12:12).

No dia seguinte, fomos à Igreja de que hoje faço parte. O pastor orou com a gente mais uma vez, enviou alguns irmãos à minha casa também. Só assim entrei na Igreja cristã. Mas ainda não tínhamos a solução ou o tratamento. Então, chegou a terça-feira tão esperada para a consulta com Dr. Paulo, saber o que ele iria falar. Não falou muito, disse que tinha uma medicação. Eu me lembro bem, ele colocou uma caixa de remédio injetável na mão da minha mãe e disse: "Vocês acreditam em Deus?". Eu disse "Sim, cremos" e rimos.

Fizemos a medicação e fiquei ótimo. Trinta dias após eu ser medicado, voltamos ao hospital, realizamos uma tomografia computadorizada e não havia nada, nem mancha no rim – aqui testemunhamos o agir de Deus, porque o médico disse que esperava aparecer uma macha ou algo parecido com uma cicatriz, pois, segundo ele, eu tive algo parecido com um furúnculo alojado na parede do rim pelo lado de fora, que liberou uma secreção.

Essa era a causa de o rim aparecer aumentado nos exames de imagem. A secreção causa uma enorme dor do lado direito do tórax.

Nessa experiência, eu precisei deixar os "pré-conceitos" em relação ao cristianismo e à Bíblia de lado, e ser pastor e cristão são coisas que jamais pude imaginar que eu seria.

Durante o processo, eu escolhi ter fé, mesmo sem saber qual seria o fim. Essa decisão mudou algo dentro de mim, uma nova perspectiva, ou novo olhar dentro do processo, surgiu. Quando entrei na igreja, já não carregava o preconceito que me impedia de ouvir e estar ali, o amor de que Deus existe e Ele não pode levar a culpa pelos erros que os humanos cometem, Ele nos oferece amor, vida, paz, renovação, perdão, cura etc.

Lembro-me também de sentimentos ruins que estavam dentro do meu coração, como raiva, ódio, rancor, magoas, falta de perdão etc.

Foi importante esse momento de lágrimas e reconhecimento do quão pequenos somos diante do Senhor, e em oração pedir perdão. Foi bem difícil assumir e reconhecer, mas extremamente libertador. Parecia que tinha saído um enorme peso das costas, uma leveza. O amor de Deus que corrige e não acusa.

Muitas vezes lutamos para não reconhecermos que algumas coisas precisam mudar, ou as escondemos com medo dos julgamentos, mas Deus já sabe de tudo. O que Ele procura fazer é mudar nossas lentes, com as quais vemos a nossa verdade, e não a Dele. Essa, precisamos aprender.

Traga Deus para dentro da sua situação, reconheça sua humanidade e seus limites. Sozinho é muito mais difícil. Em Deus você conhece sua melhor versão. "Eis que estou à porta e bato. Se alguém ouvir a minha voz e abrir a porta, entrarei e cearei com ele, e ele, comigo" (Apocalipse 3:20).

"Porque sou eu que conheço os planos que tenho para vocês" — declara o Senhor — "planos de fazê-los prosperar, não de causar dano, planos de dar a vocês esperança e um futuro" (Jeremias 29:11).

EM DEUS VOCÊ DESCOBRE A SUA MELHOR VERSÃO.

IGOR MONTENEGRO

JAMAIKA QUEIROZ

Sou Jamaika Queiroz, tenho 37 anos, natural de Ipupiara/BA. Resido em Viçosa/MG, com minha linda família: meu marido Enoque Silva, com quem sou casada há quinze anos, e meus filhos Maria Eduarda e Vitor.

Sou bacharela em Administração, especialista em Finanças e Controladoria, CEO da Agro Sião, *personal organizer* e *digital influencer*. Desde meus estágios na faculdade, eu me interessava pela área de finanças, por ter afinidade com matemática. Meus olhos brilham por finanças até hoje.

A organização sempre esteve em minha vida, mas, em 2020, na pandemia, conheci essa área de maneira transformadora e também libertadora. E não peguei só para mim esse presente, hoje compartilho, por meio da rede social, o poder da organização.

jamaikaqueiroz
jamaikaqueirozsilva@gmail.com
+55 (38) 98855-2692

15

A MATERNIDADE TRANSFORMADORA

POR JAMAIKA QUEIROZ

Quando criança, eu morava no interior da Bahia. Meus pais Juraci e Adalgisa nos educaram com muita sabedoria e disciplina. Pai de três filhas – Juliana, a mais velha; eu, a do meio; e Solange, a mais nova –, ele era um protetor e tinha um sonho de ter suas filhas formadas em curso superior, pois queria nos dar a oportunidade que ele e minha mãe não tiveram.

Sendo assim, no ano de 2000, nós nos mudamos para a cidade de Viçosa/MG, em busca de um sonho. Nessa cidade está localizada uma das melhores universidades do Brasil, a Universidade Federal de Viçosa (UFV). Passamos por muitas dificuldades financeiras; meu pai havia passado por transição de carreira, antes dono de uma banda musical profissional e agora caminhoneiro; minha mãe começou a trabalhar como empregada doméstica para ajudar no orçamento familiar. Nessa época, eu ainda estava no colégio e deslumbrada com a cidade, com a escola; tudo era novidade, mas às vezes batia a saudade de ir à casa da vó, que antes ficava quase três ruas após a minha e, agora, estávamos a 1.200 km.

Os anos se passaram e aos 17 anos eu entrei para a faculdade de Administração.

Aos 19 comecei a namorar, e aos 21 eu me formei e me casei um mês depois da formatura. Para meu marido, ainda faltava um ano para se formar. Nossos recursos financeiros eram poucos, pagávamos aluguel e eu estava desempregada.

Minha prioridade como mulher era minha vida profissional, eu só falava em trabalhar em uma multinacional, morar em uma cidade grande, ter um bom carro, ser fluente em inglês e por último ter filhos, após conquistar meu emprego dos sonhos.

Nós nos mudamos para a cidade de Bambuí/MG devido ao trabalho do meu marido, que na época fazia mestrado, e nessa cidade eu também tentava emprego nas grandes empresas e indústria da região, mas nada de conseguir. Era uma busca incansável por esse emprego, que eu mentalizava ser perfeito. No entanto, a cada porta fechada eu ficava frustrada, mas logo me levantava e tentava novamente.

Nessa fase eu também buscava passar em concurso públicos – prestava vários –, fazia cursinhos, estudava em casa, viajei algumas vezes para realizar as provas, mas não fui aprovada em nenhum. Tanto eu como meu marido tentamos mais de vinte concursos.

Ficamos nessa cidade um ano e meio. Eu trabalhei no marketing de uma loja e dava aula como professora designada de português em escolas estaduais. Nada a ver com o que eu queria e gostava, mas a vida é assim: nem sempre fazemos o que queremos e como queríamos que fosse. Essas experiências lá na frente contribuíram de alguma forma na minha vida profissional.

Meu marido foi aprovado no doutorado e voltamos para Viçosa/MG. Momento de muita alegria e objetivos novos, agora queríamos ter nosso primeiro filho e construir nossa casa própria. Logo que cheguei, comecei a trabalhar no financeiro de uma empresa e meu marido fazendo o doutorado e dando aula em faculdade. Descobri que estava grávida e começamos a construir, queria que, quando minha filha nascesse, já estivéssemos morando em nossa casa. Foi uma corrida contra o tempo, mas deu certo, mudamos dia 2 de novembro e ela nasceu dia 7 de novembro.

Após o nascimento de minha filha, comecei a sentir algo diferente – a maternidade despertou em mim uma mulher que antes eu não conhecia. A mulher que só pensava em carreira profissional agora já estava calculando como poderia ficar mais tempo com a filha e menos no trabalho.

Assim que terminou minha licença-maternidade, eu voltei a trabalhar em horário corrido, entrava mais cedo, fazia menos tempo de almoço para chegar mais cedo em casa. Eu contava os segundos para ver minha bebê; minha mãe é que cuidava dela. Minha filha despertou em mim muitos sentimentos e percepções que antes eu não tinha; além disso, também as demandas nos afazeres domésticos aumentaram. Realmente uma criança em casa muda toda a rotina. E uns seis meses após ter voltado da licença-maternidade, eu saí do emprego em que estava para procurar algo que me permitisse ficar mais com ela e em casa.

Após essa decisão, começou um conflito interno: "Como assim? Você, que quer entrar em uma multinacional, que vive em prol de um objetivo profissional, agora quer ficar em casa cuidando de um bebê? Como assim? Você vai depender do seu marido? Você vai desistir dos seus sonhos?".

Não era a sociedade que questionava minha decisão e sim o meu eu, o meu orgulho. Agora era uma luta da Jamaika de antes com a Jamaika mãe. Ao mesmo tempo que eu queria buscar algo que me desse liberdade para cuidar da minha filha, eu tinha vergonha de falar que não estava trabalhando fora.

A maternidade mudou minha visão de futuro e, consequentemente, meus planos, eu sabia o que queria (um trabalho em casa com flexibilidade de horário), mas que trabalho seria esse eu desconhecia.

Dei algumas aulas de matemática como professora designada do estado e, quando meu marido concluiu o doutorado, nós nos mudamos para Paracatu//MG, 715 km longe da minha mãe.

Nessa cidade é que a superação começou, eu não tinha minha mãe para ficar com minha filha. Caso surgisse alguma oportunidade de trabalho, teria que a colocar em uma creche, mas eu não queria isso. A mudança de ambiente foi muito importante para eu ter certeza do que realmente queria, que era cuidar da minha filha, trabalhar em casa, ter tempo para levá-la e buscá-la na aula, passear com ela no meio da tarde – ações que, quando eu estava trabalhando, não tinha como fazer. Foram várias tentativas e procura de oportunidades de trabalho em casa. O digital, nessa época, ainda não estava tão forte quanto hoje, mas já estava iniciando. Eu e meu marido tínhamos um acordo, a renda que vinha do trabalho dele era a renda da família, mas, para quem sempre trabalhou, sabe como é difícil ter que viver assim, porém eu aprendi muito com essa experiência sobre a unidade do casamento e sobre vencer o orgulho. Isso nos uniu ainda mais.

Encontrei mulheres na internet que já tinham passado por situações semelhantes à minha. Eram muitas que, depois da maternidade, queriam ficar em casa durante a infância dos filhos e acabavam se tornando popularmente "donas de casa", quando na verdade dona de casa não é só quem fica em casa e não trabalha fora. A dentista, quando chega em casa, também é a dona de casa, a líder da casa, no sentido de designar as tarefas para os moradores e seus funcionários do lar. A mulher pode trabalhar fora, mas o primeiro ministério dela sempre será o lar.

Pelos canais que eu acompanhava no YouTube, aprendia atitudes simples que nos fazem sentir melhor, como:

- Acordar antes das crianças;
- Fazer devocional;
- Criar uma rotina de limpeza e organização da casa;
- Ter um tempo para leitura;
- Fazer um curso de algo de que você gosta;
- Estudar um idioma;
- Aproveitar o tempo em que as crianças estão na escola para investir em você;
- Praticar atividade física, melhorando a autoestima, saúde e disposição;
- Cuidar de cabelos, unhas e pele.

O livro ***Experiência do lar*** (2019)[1] ajudou-me a entender que estava no caminho certo, aprendi os princípios essenciais, como o da mesa, que é o lugar criado por Deus para proporcionar conexão entre pessoas, que o ambiente familiar da residência define o destino daqueles que ali moram.

Aprendi com o livro ***Organize sem frescura*** (2018)[2] que, se organizarmos melhor o tempo e nossa casa, podemos ter mais qualidade de vida. No Instagram @casanocapricho, da Ceiça Carvalho[3], admirava o amor e o cuidado com o marido dela, pois todos os dias, antes de ele sair para trabalhar às seis da manhã, ela prepara o café em uma mesa com muito carinho. Isso me despertou para melhorar com meu marido, quando muitas vezes ele saía para trabalhar e eu estava dormindo. Também fui influenciada pela Catia Regiely[4] a fazer devocional todos os dias pela manhã, a ter um momento com Deus e a fazer musculação.

Essas mulheres e escritoras não sabem como elas transformaram minha vida. Hoje, acordo cedo, pratico atividade física, leio livros, minha casa é organizada, estudo inglês, cuido do meu marido, sou uma boa mãe, tenho tempo de sair com eles, ensinar a tarefa de casa, brinco com eles.

---

[1] TITUS, Davi; LOZANO; Trina Titus. **Experiência do lar**: como tornar seu lar um lugar de amor e paz. Trad. Susana Klassen. Rio de Janeiro: Thomas Nelson Brasil, 2019.

[2] OLIVEIRA, Rafaela. **Organize sem frescura**: com menos tempo e menos dinheiro! Bauru: Astral Cultural, 2018.

[3] Disponível em: https://www.instagram.com/casanocapricho/. Acesso em: 11 jun. 2024.

[4] Disponível em: https://www.instagram.com/catiaregiely/. Acesso em: 11 jun. 2024.

Temos uma empresa, o escritório fica na nossa casa. Eu faço a gestão e meu marido a parte técnica. Meus filhos já estão com 10 anos a menina e 6, o menino. Na pandemia, surgiu a oportunidade de trabalhar como ***digital influencer*** e escolhi o nicho de organização da casa. Assim, fiz um curso de personal organizer e hoje ministro um curso de capacitação para mulheres donas de casa organizarem suas casas e vidas, com o objetivo de transformar sua casa em um lar, em um lugar de refúgio, trocar o tédio de arrumar casa todo dia pela gratidão em ter um lar para cuidar e abençoá-lo com as tarefas domésticas, designando para cada morador suas tarefas com esse objetivo.

Nas minhas redes sociais, compartilho minha rotina, as receitas que preparo para minha família, dicas de organização e limpeza da casa. Assim como fui impactada por conteúdo desse tipo, hoje tenho a minha versão e ajudo muitas mulheres.

Posso dizer que superei meus conflitos internos e que sou mais que vencedora em Cristo Jesus. Quero que nossa empresa cresça e que muitas mulheres que passam pelo que passei sejam livres, que se amem, busquem mais a Deus, mais conhecimento e ambientes que façam elas cresceram e evoluírem.

Eu amo minha vida e não a troco por nenhum emprego público ou em multinacional. Eu amo cuidar da minha casa, de mim, do meu marido e dos meus filhos. A maternidade me transformou e me faz viver a minha melhor versão. Eu fiz a melhor escolha para mim e minha família; isso não quer dizer que todas as mulheres devam fazer igual, cada uma tem sua individualidade, sua trajetória e suas prioridades. Mesmo quando eu tinha vontade de voltar a trabalhar fora, a minha prioridade estava definida. E as coisas não ficaram do jeito que eu queria de um dia para outro, foi o tempo certo, com muito aprendizado. Foram oito anos. Para você, pode ser que seja menos ou mais, tenha foco e viva o processo com fé em Deus.

Eu convido você a acompanhar minha trajetória em meu Instagram.

“NA BUSCA DOS SEUS OBJETIVOS, ESTEJA COM AS PESSOAS CERTAS, NO AMBIENTE CERTO E SEMPRE CONFIANDO E BUSCANDO A DEUS.”

JAMAIKA QUEIROZ

JOSEFA POTY

Sou Josefa Poty, nordestina, natural de Teresina/ /PI, filha de um casal de professores e de tios que sempre me trataram como filha, esposa de um engenheiro e irmã de um administrador em descoberta. Hoje sou fisioterapeuta neurofuncional, atendo crianças, adultos e idosos, sendo o meu maior público crianças com desordens neuromotoras. Tenho nove anos de formada e já realizei mais de quinze mil atendimentos voltados à neurorreabilitação. Sou mestra em Biotecnologia, carrego o dom da docência dos meus pais e amo cuidar de gente. Admiro a forma com que cada pessoa chega até mim e faz acontecer os seus objetivos de vida. Superei grandes desafios pessoais e profissionais, e entendi que mudei minha vida pelo amor e o apoio da minha família em fazer a diferença na vida do próximo.

josefapotyfisioterapeuta
Josefa Poty
potyjosefa@gmail.com

16

A PALAVRA DE ORDEM É CORAGEM

POR JOSEFA POTY

Pensei diversas vezes em como a minha história poderia impactar a vida de alguém... Por que minha história serviria para ajudar alguém, se só tenho 31 anos e sou uma filha, irmã, esposa e trabalhadora como a maioria da população brasileira? Depois de alguns dias com esses questionamentos, entendi que o que é normal e comum pode servir de inspiração para a vida de quem está se descobrindo como pessoa e profissional. Se ao menos uma linha da minha história ajudar alguém, o propósito será alcançado. O brasileiro, especialmente o nordestino, precisa sentir-se representado pelo comum, para entender que sua história é viva e que em algum momento ele fez ou fará a diferença na vida do próximo. Aceitei o convite e aqui estou. E você, vem comigo?

Sou de uma família de professores, minha família por muito tempo teve uma escola primária liderada por minha tia e madrinha Socorro Franco, uma das maiores educadoras do estado do Piauí. Nesse contexto, aprendi a ler e escrever cedo e meus pais, por serem professores, trabalhavam o dia inteiro. Nesse ambiente fui criada também por meus tios Manoel Poty (***in memoriam***) e Alice, eles foram o que se chama hoje de rede de apoio e, por diversas vezes, foi muito complicado entender a frase que meus pais diziam quando iam trabalhar: "É tudo por vocês!". De fato não nos faltou nada, pois a educação sempre foi prioridade, além de todo o auxílio dado por meus tios para que meus pais pudessem trabalhar e eu estudar.

Trago mais uma vez ao centro da história meu tio Manoel, que de fato foi o grande divisor de águas em tudo na minha vida. Desde que nasci, não houve um só dia em que não fui tratada como filha, com um amor e carinho incondicionais, que causavam admiração em todos e fizeram com que muitas vezes eu preferisse estar com ele. Nossos encontros dominicais eram inegociáveis e durante a semana ele sempre foi meu porto seguro na ida para a escola ou para qualquer outro local a que eu precisasse me deslocar. O "eu te amo" diário era a minha certeza feliz do dia.

Meus pais e minha tia Alice também foram e são muito amados e sempre compreenderam essa relação de pai e filha com meu tio. É como se eles entendessem que havia um propósito muito maior do que eu poderia compreender na época, e nunca me foi questionada por nenhum deles tamanha admiração, quantidade de amor, ou por que eu sempre preferia que ele fosse comigo a qualquer lugar. Uma infância feliz e uma adolescência saudável foi possível porque ele me proporcionou até mais do que eu precisava junto aos meus pais e minha tia.

Próximo ao vestibular, eu já estava decidida a fazer jornalismo, mas uma ida do meu tio à farmácia no dia 7 de janeiro de 2009 mudaria para sempre a minha vida e a de toda a minha família. Era cedo da noite e eu queria ir junto, só que dessa vez ele não deixou que eu fosse... 30 minutos depois o telefone toca, um amigo liga para dizer que ele havia sofrido um acidente muito sério e exatamente naquele momento eu senti a sensação de perder o chão pela primeira vez na vida. Eu não parava de pensar em como acordaria no outro dia sem vê-lo como nos dias comuns, quando ele me deixava na escola e seguia para o trabalho, eu precisava urgentemente procurar uma forma de ajudá-lo, os dias passavam com ele ainda internado e, nesse momento, passando por tudo isso, precisando estudar para o vestibular, o jornalismo saiu da minha cabeça, e eu não tinha em mente o que faria.

Naqueles primeiros dias, não me importava mais nada a não ser vê-lo de volta à vida normal. Trinta dias após o acontecido, os médicos foram objetivos: as sequelas seriam inevitáveis. Andar, falar e trabalhar não estavam mais no ***script*** e nesse momento senti o chão desparecer sob meus pés pela segunda vez. "Não pode ser!". Eu repetia essa frase mil vezes ao dia. Assustou-me saber que ele não iria mais andar, essa informação trouxe-me a sensação de que ficaria louca ao vê-lo numa cadeira de rodas. Certo dia, no meio de toda essa situação, abri escondido o computador de meu pai e digitei "Como fazer para voltar a andar após um acidente", a primeira opção dos resultados que apareciam na busca era a página de uma clínica de fisioterapia neurofuncional. A partir dali, sem procurar em outros locais, sem conversar com ninguém, eu decidi que seria fisioterapeuta neurofuncional, eu queria me dedicar àquilo com todas as forças que eu tinha, e ter pelo menos a oportunidade de tentar fazê-lo andar.

Prestei vestibular em outubro de 2009, passei entre os primeiros colocados e, quando as pessoas me perguntavam qual área seguiria, ou se já tinha preferência por uma área, a resposta estava na ponta da língua: "Fiz o vestibular com a decisão de ser fisioterapeuta neurofuncional". Não tinha dúvidas, era aquilo!

Confesso que ao começar o curso eu me senti perdida, pois na minha concepção as disciplinas básicas não eram sobre o que eu queria estudar. Minha mente corria contra o tempo, não dava para esperar muito para estudar o que eu realmente queria. O desânimo veio com força. Então montei uma estratégia: em todas as aulas ou seminários, eu trazia algo que fosse relacionado ao caso clínico do meu tio, sem que ninguém soubesse que era ele, e ia obtendo informações das mais variadas, sobre a quais médicos ir, sobre quais fisioterapeutas procurar, sobre posicionamentos, o que fazer e não fazer etc. O plano estava começando a funcionar quando descobri que o meu futuro professor de fisioterapia neurofuncional seria o novo terapeuta do meu tio e passei também a acompanhá-lo nas sessões e a tentar repetir tudo em casa.

Não me importava mais nada, a neuro estava em tudo. Nessa época, o atendimento infantil também fazia parte do meu coração e cada vez mais a certeza de que esse era o lugar onde eu trabalharia com qualidade: na fisioterapia neurofuncional. Foi possível fazer muitas coisas nesses anos de faculdade, entrei em janeiro de 2010 e saí formada em fevereiro de 2015, consegui a benção de que Manoel Poty entrasse comigo nas solenidades e de dedicar tudo a ele, olhando no olho, recebendo e sentindo o amor incondicional que sempre existiu entre nós.

Em 2017, já formada e atuando na área, perdi o chão mais uma vez. Após um episódio de engasgo e broncoaspiração, o grande amor da minha vida retorna ao céu, o último beijo e o último "eu te amo" foram dados antes do café da manhã no dia do fatídico episódio. A partir daquele momento, minha vida parou e eu não conseguia entender por que o mundo continuava o mesmo e as pessoas seguiam suas vidas, se ele havia partido – logo ele que tornava o mundo melhor e mais generoso. Não fazia sentido mais nada, nem ser fisioterapeuta neurofuncional, pois esse propósito havia sido feito por mim para ele e, com o decorrer das semanas, trabalhar virou um fardo enorme, não havia vontade, força, coragem. Minha gargalhada deu lugar a um sorriso amarelo e para mim não fazia mais sentido estar ali. Comecei a repensar se tudo tinha valido a pena, se fiz uma boa escolha profissional e como seria tudo já que não havia mais por que continuar.

Diversas vezes pedi a Deus o discernimento que parecia não acontecer, pedi a Nossa Senhora que, junto ao Cristo, transformasse meu coração. Eu, definitivamente, estava cega pela dor e, depois de alguns dias, em conversa com minha mãe Aparecida, que é dotada de uma fé inabalável, comuniquei que desistiria da profissão, iria procurar outro caminho. Já não fazia sentido cuidar dos outros se não podia cuidar do meu Manoel Poty. Alguns dias depois, chego para mais um dia de trabalho, que ao meu ver seria só mais um dia comum, fazendo as mesmas coisas. Olho a minha agenda do dia e havia uma paciente nova, uma senhora com Parkinson, Deusinha era o seu nome. Ao abrir a porta, sou tomada por uma crise incontrolável de choro, jamais teria condição de avaliá-la daquela forma.

Ela pediu que seu acompanhante saísse da sala e com suas mãos trêmulas alcançou-me dizendo:

> *Eu poderia ser sua avó, e o que vou lhe dizer agora diria para minha neta: não se deixe levar pela tristeza. Você está se sentindo perdida, mas esse é o seu propósito, sua cabeça diz não, mas o seu coração diz sim. Continue e siga para transformar a vida de mais pessoas com suas habilidade e estudando cada dia mais.*

Olhei para ela e perguntei por que ela estava me dizendo tudo aquilo se ela não sabia o que eu estava passando, ela sorriu e disse que no outro dia voltaria para começarmos os atendimentos.

Depois desse dia, senti uma sensação de calmaria e uma vontade enorme de transformar toda minha dor. Dona Deusinha todos os dias trazia-me lanches e mimos, senti de perto o cuidado de Deus por meio dela. Tempos depois ela saiu da minha agenda e perdemos o contato, mas por meio de suas palavras a semente já tinha sido plantada no meu coração, eu iria continuar fazendo pelo próximo o que consegui e o que não consegui fazer pelo meu tio. Senti cada vez mais forte a vontade de honrar a Deus e à minha família, por todo o esforço feito. Comecei a viajar para estudar e me tornar a melhor fisioterapeuta neurofuncional que eu pudesse ser para meus pacientes, juntei dinheiro de lanche, abdiquei de muitas coisas, bati em muitas portas e recebi muitos nãos para conseguir fazer cursos caros, mas que são necessários para que eu atendesse cada paciente como se estivesse atendendo minha família. Passei a entender que a força que existia dentro de mim poderia fazer a diferença, o extraordinário na vida do próximo. Tudo foi se ressignificando e fazendo sentido, quando famílias passaram a dizer que se sentiam felizes em serem atendidas por mim.

Hoje, além de fisioterapeuta neurofuncional, sou mestra em Biotecnologia, professora e palestrante na área. O sentimento em ser melhor que o outro não passa pelo meu coração, só quero ser melhor que eu mesma e melhorar como pessoa todos os dias. Conto sempre um pouco de como cheguei até aqui, mas nunca com os detalhes expostos neste capítulo. Eis aqui parte da história de quem foi educada para vencer, transformou-se pelo amor e estudo, fazendo da fisioterapia neurofuncional sua vocação.

"A FORÇA QUE EXISTE DENTRO DE VOCÊ PODE FAZER A DIFERENÇA E SER O EXTRAORDINÁRIO NA VIDA DO PRÓXIMO."

JOSEFA POTY

KARINA MORETTI

Sou Karina Moretti, nascida e criada em Brasília/ /DF por uma família pautada na força de grandes mulheres, cidade onde moro com o amor da minha vida, Daniel Garcia – com quem partilho a vida há dezenove anos – e nossos filhos amados, Enzo e Alícia.

Psicóloga e ***coach***, atuo há dezenove anos na área de gestão de pessoas, sendo grande parte dessa experiência em uma das maiores autogestões de saúde do país, a qual liderei a equipe de capital humano e tivemos a honra de receber diversas premiações em reconhecimento aos trabalhos desenvolvidos.

Atualmente concilio minha carreira como consultora na área de gestão de pessoas e *personal organizer* à frente da KAMO Solução em Organização, apoiando outras pessoas a criarem espaços para o que realmente importa.

kamoorganiza
Karina Moretti

17

TRILHANDO NOVOS CAMINHOS: PLANOS E AUTODESCOBERTA

POR KARINA MORETTI

Boas histórias precisam ser contadas. E não digo isso porque estou aqui, contando uma parte da minha, mas sim porque acredito que todos temos algo de bom que pode ser compartilhado e acabar inspirando novas histórias, seja no agora ou para gerações futuras. As boas histórias podem ser comuns, como a minha e a sua, de maneira que as pessoas possam se identificar e seguir em frente com mais amor e perseverança. E é arriscando a fazer isso que conto uma parte da minha trajetória.

Ao me formar em Psicologia, já decidida a atuar na área organizacional, a primeira atitude que tive foi a de elaborar um plano de carreira. Nesse documento, que revisito periodicamente, estabeleci aonde gostaria de chegar e o que faria para alcançar meus objetivos. Ele não entra em um nível de detalhamento que o torne inflexível. Contudo, estabelece alguns marcos de maneira que eu possa torná-lo palpável.

Ao revisitá-lo, faço atualizações, verifico se ainda faz sentido algo estar ali ou se preciso redefinir a rota. Mas o que quero aqui não é contar o como fazer um plano – afinal existem inúmeros métodos que podem ser adaptados de acordo com o seu perfil. Quero mostrar a importância e os benefícios de sepensar e planejar o que se quer. Já contratada pela empresa na qual eu fiz meu último estágio, defini que ali seria o local em que eu faria minha carreira. Vislumbrava oportunidades de crescimento naquela instituição, via espaço para aprender e contribuir, rodeada de pessoas que acreditavam no meu potencial. Diante desse cenário, desenhei meu plano de carreira, definindo, entre outros pontos, os cargos que gostaria de ocupar e quando isso aconteceria.

Existia um dificultador: os cargos de gestão, em sua maioria, não eram ocupados por empregados de carreira e, em meu plano, eu decidi que atuaria como gerente de RH aos 35 anos, considerando o tempo que, na época, eu entendia ser suficiente para reunir experiência e maturidade profissional para liderar uma equipe.

À base de muito trabalho e dedicação, de estudo, de aliar o preparo com as oportunidades de crescimento que me eram apresentadas, eis que, aos 35 anos, eu fui nomeada gerente de RH dessa empresa. Isso foi um marco para toda a equipe, visto que fui a primeira empregada de carreira a ocupar esse cargo na área, o que nos deu ânimo para seguir em frente com nossos desafios, sabendo que novas portas tinham sido abertas.

Ao longo dos dezoito anos que ali permaneci como técnica e, depois, como gestora, foram muitas as conquistas. Melhoramos processos, trouxemos avanços tecnológicos para a área e para a empresa, fomos reconhecidos e premiados em função de programas sociais e do clima organizacional, tivemos uma forte atuação na humanização das relações na empresa, resultado do trabalho de várias pessoas, e tenho a clareza de que deixei minhas contribuições para esses resultados.

A lição que tirei disso? Quando a gente acredita em nosso potencial, define um plano, se prepara, convive com pessoas incríveis e inspiradoras e aproveita as oportunidades, podemos chegar aonde quisermos (e alguns chamam isso de sorte). Ao definir uma rota, temos o poder de focar uma direção e construir um caminho, ainda que tenhamos algumas mudanças ao longo do trajeto. Como eu disse, minha história nessa organização encerrou-se após dezoito anos. Ainda que o encerramento desse ciclo tenha sido de maneira tranquila, foi a ruptura de uma longa relação, por isso eu me permiti nos meses seguintes vivenciar esse luto, com todas as fases que ele carrega. Só que o luto precisa ter um fim, ainda que seja em tempos diferentes para cada pessoa. Encontrar novos caminhos e seguir em frente é necessário. Costumo dizer que sou uma pessoa eterna e positivamente insatisfeita, pois, apesar do "meu copo estar sempre cheio", tenho a prática de me autoavaliar constantemente, de olhar para o que faço e pensar de que maneira posso melhorar ou buscar novas soluções. Com o desligamento da empresa, isso se potencializou, pois me vi diante de um recomeço. Tive a oportunidade de me aprofundar em meu processo de autoconhecimento para definir o que eu gostaria de fazer dali para frente e identificar o que não fazia mais sentido ou estava desalinhado com meus valores pessoais. Nesse processo, saber o que se quer é importante, mas igualmente importante é ter a clareza do que não se quer.

Decidi voltar ao meu ***ikigai***, que tinha feito há alguns anos. Para quem não conhece, esse é um termo japonês que, de maneira muito breve, significa a motivação para viver. Alguns especialistas o difundem como uma filosofia de vida, outros como uma ferramenta que apoia a identificar suas diferentes fontes de realização pessoal e profissional. Algo que pode apoiar nessa busca é encontrar suas paixões, resgatar sonhos (até mesmo de infância), coisas que trazem alegria e satisfação para sua vida. Chegar ao seu ***ikigai*** (ou talvez aos seus ***ikigais***) requer uma profunda busca de si mesmo, o que sem dúvida é um caminho com muitos benefícios.

Não sou daquelas pessoas que pensam que "todos devem saber expressar claramente o seu propósito neste mundo", porque por vezes não é algo simples de se fazer. Porém, acredito fortemente que precisamos viver alinhados ao que prezamos e ao que nos traz um brilho no olhar, e isso demanda uma dedicação, o voltar o seu olhar para dentro de si. Sendo assim, penso que vale a pena conhecer mais, se dedicar a refletir sobre isso e, quem sabe, escrever o seu próprio ***ikigai***.

Nesse processo, identifiquei que o desequilíbrio entre os diferentes papéis que eu tenho na minha vida vinha me gerando um certo incômodo. Algumas pessoas dizem que para alcançarmos resultados não podemos pensar em equilíbrio e devemos focar todo nosso tempo e energia em uma determinada área, ainda que nos custe deixar outras de lado.

Quero aqui trazer um outro ponto de vista. Quando se fala em equilíbrio na vida pessoal, não é necessário dedicar exatamente o mesmo tempo para todas as áreas da vida, mas sim saber priorizar e distribuir seu tempo e sua energia de maneira eficaz, identificando suas necessidades naquele momento e seguindo seus valores, de maneira a trazer mais leveza e harmonia.

Com base em meu ***ikigai*** e em todo esse processo de autoconhecimento, desenhei algumas alternativas de caminhos que eu poderia tomar, a partir do que eu gostaria de fazer, do conhecimento sobre minhas competências, habilidades e experiência já adquiridas. Mais uma vez voltamos ao planejamento, uma parte extremamente importante e que muitas vezes deixamos de lado.

Mas planejamento sem ação não gera resultados. Então, diante das alternativas, selecionei aquela que fazia mais sentido e comecei a agir. Era hora de lançar mão de algumas competências e o momento certo para adquirir novas, em busca de algo que pudesse trazer o desejado equilíbrio e estivesse alinhado a uma vida que eu acredito e valorizo, que me gera realização.

Abandonar totalmente o RH, no qual tive a oportunidade de atuar em praticamente todos os seus processos e alcançar muitas conquistas, não estava em questão. Portanto, o que viria deveria ser passível de caminhar em conjunto. Na busca pelo que poderia me trazer mais realização e propósito, precisei voltar à minha infância.

Eu adoro organizar as coisas. Desde criança, sempre fui muito organizada e tinha orgulho disso. Via, também, que isso era motivo de orgulho para minha avó, uma mulher forte, que me criou e sempre foi referência de organização na minha vida, que muitas vezes mostrava meus armários, com muita satisfação, para parentes que iam nos visitar. Eu via que aquilo era valoroso para ela e acredito que, da forma como ela agia, acabava reforçando esse comportamento em mim.

A organização me traz sensações e resultados muito positivos como clareza de ideias, satisfação pessoal, reconhecimento de outras pessoas, melhoria na produtividade, melhoria na gestão do meu tempo. Organizar não é somente colocar cada coisa em seu lugar, é muitas vezes ressignificar objetos e até mesmo situações e memórias da nossa vida, é dar uma nova cor, uma nova forma, uma nova perspectiva. Em determinado momento, eu me fiz a seguinte pergunta: por que não levar tudo isso para a vida de outras pessoas?

Nesse momento decidi que atuaria em projetos na área de desenvolvimento humano e organizacional em parceria com uma consultoria e, em paralelo, daria início à minha trajetória como ***personal organizer***, profissional que, por meio de técnicas e ferramentas, leva a organização para os ambientes e a vida das pessoas. Passei a fazer alguns trabalhos para familiares e amigos e como voluntária em uma instituição, o que me permitiu conhecer outros profissionais da área e me inserir nesse novo universo profissionalmente.

Com um olhar para o futuro e de maneira a entrar no mercado de organização de forma mais estruturada, tive o apoio de pessoas incríveis (em especial do meu marido, que está sempre ao meu lado), para criar a KAMO Solução em Organização, empresa voltada para a organização de ambientes residenciais e empresariais.

Acredito e vivencio diariamente que semelhante atrai semelhante. Essa nova trajetória, que ainda está iniciando, tem sido um grande momento de descoberta; tenho realizado muitos cursos, tanto na área de organização como na área de empreendedorismo, participado de eventos e projetos de outras profissionais da área, trabalhado na formação de parcerias, sempre buscando me atualizar e desenvolver novas habilidades que um novo negócio exige, e com tudo isso, tenho me deparado com muitas portas se abrindo e pessoas dispostas a somar fazendo parte do meu caminho.

O planejamento e a gestão do tempo têm sido ainda mais importantes, e trabalhar unindo minhas competências com o que eu amo fazer tornou-se fundamental e uma prioridade para minha existência, de maneira que eu possa entregar sempre o meu melhor por onde eu passar. Vejo, também, que nunca é tarde para aprender, reaprender e, se for o caso, mudar a rota para fazer algo que nos traga realização e que nos leve a servir as pessoas com amor.

“AO DEFINIR UMA ROTA, TEMOS O PODER DE FOCAR EM UMA DIREÇÃO E CONSTRUIR UM CAMINHO, AINDA QUE TENHAMOS ALGUMAS MUDANÇAS AO LONGO DO TRAJETO.

KARINA MORETTI”

KÁTHIA KARLS

Sou Káthia Kreyssig Karls, natural de Timbó/SC, onde resido com minha amada família: meu esposo Etmar Karls, com quem sou casada há dezenove anos, e minhas filhas Myrela Beatriz Karls (15 anos), Thiago Arthur Karls (*in memoriam*) e Catarina Stela Karls (1 ano e 8 meses).

Durante alguns anos, trabalhei em empresa têxtil e na área metalúrgica, mas algo sempre me chamava para a área das terapias alternativas, então ao longo dos últimos dez anos fiz os seguintes cursos:

- Barras de access®;
- Access facelift®;
- Reiki Sistema Usui níveis 1, 2 e 3;
- Formação em constelação familiar (iniciação).

Estou em busca contínua de autoconhecimento, pois foi por meio dele que superei fases difíceis em minha vida, e assim busco também ajudar pessoas.

kathiakarls
kathiakarls@gmail.com

18

E SE VOCÊ TENTAR DE NOVO?

POR KÁTHIA KARLS

Desde que me conheço por gente sou curiosa, sempre fazendo perguntas; uma delas e talvez a mais insistente era porque não tinha (ou se ainda teria) irmãos, e a resposta era a mesma: "A mãe passou por uma situação delicada de saúde após seu nascimento, quando o médico sugeriu cuidar dela por três anos, mas a gente não quis tentar de novo, por medo de acontecer a mesma coisa ou, pior, a mãe podia correr risco de morte".

Assim os anos foram passando e, realmente, não tive irmãos; graças a Deus cresci perto de alguns primos, gerando assim ótimas memórias de infância e morando no interior da cidade.

A vida adulta chegou, tive um primeiro noivo, que veio a falecer pouco tempo antes de a gente se casar. Estava com 22 anos na época, e por algum tempo eu me senti totalmente sem forças, ação ou atitudes para nada, chegando a fazer tratamento para depressão.

Os dias nublados passam, e essa fase de luto também passou e a esperança de encontrar uma pessoa de bom caráter e com os mesmos ideais que os meus surgiu novamente. Eu e meu esposo passamos a nos conhecer melhor até decidirmos namorar e casamos quatro anos depois.

Após dois anos de casados, decidimos ter filhos logo, os exames de rotina estavam ok, o médico prescreveu alguns remédios e em três meses eu estava grávida. Todos felizes e radiantes com a notícia, primeiro(a) neto(a) da minha família e segundo(a) da família do meu esposo, uma gestação muito boa, apenas tratei uma flebite do quinto mês em diante, sem enjoos, mal-estar, nada. A surpresa veio em 10 de novembro de 2008, um dia antes do programado: devido à flebite, foi sugerida a cesárea. Durante o parto, escutei uma conversa dos médicos referindo-se ao meu útero ser extremamente fino. Na consulta de retorno, questionei se realmente era isso e o ginecologista confirmou que ficou espantado, pois meu útero estava muito fino, questionei então sobre ter outros filhos e ele respondeu que até poderia, mas seria gravidez de risco, nem pensar em ter contrações, pois poderia ser fatal para mim e para o bebê.

Foi horrível receber essa notícia logo depois de ser mãe pela primeira vez, e rapidamente as perguntas começaram a invadir meus pensamentos:

— Por que comigo?

— Por que uma situação tão parecida (com a da minha mãe) parecia estar se repetindo?

Fiquei magoada, chateada, frustrada e totalmente inconformada. Conversamos a respeito e optamos por dar tempo ao tempo para ter outro filho(a).

Quando a Myrela tinha uns quatro anos, as perguntas dela também começaram:

— Por que eu não tenho irmãos? Ainda vou ter algum?

Minhas memórias de infância vieram à tona e os porquês estavam mais fortes do que nunca dentro de mim.

Busquei ajuda em outra cidade e consultei-me com um especialista em gravidez de risco, o qual me falou a mesma coisa e ainda acrescentou:

— Sugiro a você não engravidar mais, pois a partir do sexto mês, a qualquer hora, poderá entrar em trabalho de parto prematuro e isso é o que você não pode ter: contrações.

Aí realmente perdemos as esperanças, explicamos a situação para nossa filha Myrela. Ela, com sua inocência, disse "Está bom, mãe", mas no meu coração o Senhor mantinha viva a vontade de eu ter mais filhos, e eu colocava isso em minhas orações.

Foi quando surgiu a ideia de adotarmos; marcamos uma entrevista com a assistente social, que foi algo horrível, pois fez nos sentirmos muito mal, dizendo que ali não era um supermercado – não gostando da mercadoria não era só vir lá e devolver –, isso considerando que explicamos o motivo de estarmos lá, por conta do risco de morte de uma nova gravidez etc. Desistimos da hipótese de adoção no mesmo dia.

Passaram-se mais três anos quando, em 2017, conheci uma pessoa que me apresentou algumas terapias alternativas e, com elas, a esperança. Fiz uma sessão de regressão e algumas de campo morfo-genético. Eu parecia outra pessoa, vendo luz no fim do túnel, a esperança de ter mais filhos por eu ser filha única e meu esposo vir de uma família de mais filhos era um desejo imenso dos dois lados.

Voltei ao médico; mesmo fazendo consultas anuais, voltei com a intenção de engravidar novamente. Fiz todos os exames, estava tudo certo, ele me prescreveu medicamentos e lá fomos nós.

Em quatro meses lá estava eu aos 39 anos, grávida, e numa felicidade sem tamanho, porque Deus é maravilhoso sempre.

No quinto mês de gestação, tivemos uma notícia que nos abalou, no ultrassom morfológico, que é aquele em que se vê cada pedacinho do bebê, ossos e órgãos; foi detectada uma cardiopatia no coração do nosso filho Thiago. Naquele dia eu chorei muito e perguntei para Deus o que eu tinha feito de errado para meu filho ter que sofrer com isso. Tivemos que fazer acompanhamento com uma cardiologista infantil, que nos falou que ele poderia ter cerca de cinco síndromes por causa da cardiopatia, então ficamos realmente bem abalados.

A princípio, resolvemos contar apenas para nossos pais. Comentei com a terapeuta e ela me perguntou como eu estava sentindo-o crescer. Eu disse que vi no exame uma alteração, mas para mim o Thiago estava crescendo de forma normal e totalmente saudável. Ela respondeu que isso é o que bastava e me pediu para procurar uma imagem de bebê, imprimir e deixar em lugares onde eu veria diariamente, e assim fiz.

Eu conversava diariamente com o Thiago, dizendo que sentia ele crescendo totalmente saudável, lindo e forte numa conexão de amor que a razão jamais conseguirá explicar. A gestação seguiu normalmente. Com 36 semanas e um dia ele veio ao mundo; um pouco prematuro. Mas Deus é tão maravilhoso em cada detalhe que, simplesmente, a minha bolsa estourou, só, sem nenhuma contração, dia 11 de novembro de 2018. O caminho de casa até no hospital dava cerca de meia hora, fui orando, agradecendo e pedindo para que desse tudo certo no nascimento. E realmente deu, como só estourou a bolsa e, por causa da cardiopatia, foi necessário o parto por cesárea, meu filho veio sem nenhuma síndrome. Ficou cinco dias na UTI para o pulmão se fortalecer e nós também crescemos muito, pois esse ambiente nos faz agradecer por cada melhora que acontece. Ali foram feitos mais exames e foi vista mais uma alteração no coração, porque na gestação não dava para ver; a artéria pulmonar passava por dentro do coração, o correto é por fora, fazendo ele ter uma cor mais cianótica (azulada) ao invés de rosada.

Após oito dias, fomos para casa, mas a cardiologista já nos deixou cientes de que seria necessário fazer uma cirurgia entre os 8 e 9 meses de Thiago, e outra entre os 4 a 6 anos. Com o amor da família e amigos, o Thiago foi crescendo bem e forte, até a pediatra dizia que não parecia ter uma cardiopatia, isso tinha o lado bom e o ruim, pois ele começou a ter falta de ar com 3 meses. Na consulta de acompanhamento, o cardiologista falou que seria necessário fazer a cirurgia o quanto antes. Ali, pela primeira vez, realmente o medo bateu; fomos para casa sabendo que em duas semanas a cirurgia seria feita. Meu esposo estava superconfiante, mas eu até então orava para ela não ser necessária. Naquele mesmo dia eu fiz o curso de ***reiki*** nível 1, que gera um equilíbrio entre corpo e mente, na intenção de nos manter tranquilos quando o momento chegasse, sem achar que seria tão rápido.

Naquela noite perdi a noção do tempo que fiquei chorando enquanto olhava ele no berço, e comecei a orar:

— Deus Pai todo poderoso, que tudo sabe e tudo pode, de hoje em diante não vou mais pedir sobre o que eu quero ou o que eu acho que é melhor, e sim que o Senhor faça o que for melhor para ele. – Fiz essa oração todas as noites até o dia da cirurgia, em 13 de março de 2019.

Ficamos quase 30 minutos com meu filho na UTI. Era troca de plantão. Antes de sair, fiz um ***reiki*** básico, disse que o calor das minhas mãos era cheio de amor e cura e vi, uma mexida bem sutil no canto da boca. Infelizmente meu bebê não resistiu, meu Senhor, tudo parou ao meu redor, eu e meu esposo nós olhamos e... pera aí, como assim?

Passamos uma fase difícil, mas sempre tivemos Deus conosco e pessoas nos fortalecendo. Quando fez um mês do falecimento de Thiago, fiz um ***reiki***, foi quando recebi um recado dele: "Mãe, eu vim para trazer o amor e não a dor! Isso me deu uma força tão grande!". Depois de alguns meses, perguntavam se teríamos outro filho. Só falávamos que ainda não sabíamos, pois eu tinha feito 40 anos. Durante o luto, uma amiga orientou-me a ser voluntária de constelações familiares em grupo na minha cidade mesmo. Aceitei e fui conhecer. Eu me apaixonei de cara, pois muitas coisas começaram a fazer sentido, peças foram se encaixando. Como voluntários, recebemos parte da cura porque quem está lá não é por coincidência e sim por ter o mesmo ou algo semelhante a ser curado.

Fui constelada duas vezes e meu esposo, uma. Lá entendemos que cada um tem a sua própria missão nesta terra, seja ela curta, média ou longa e que, antes da mulher engravidar, o espírito vem em sonho pedir permissão, mesmo que a gente não lembre. Então, se permiti é porque tanto ele quanto eu sabíamos que daríamos conta. Assim, tenho que agradecer o tempo que ele pôde ficar conosco. No ano seguinte decidimos tentar novamente, em meio a opiniões contrárias e a favor. Diziam: "E se acontecer de novo? Estão loucos? Olha a sua idade" e outras coisas mais, então veio a pandemia e resolvemos esperar. Ali conheci duas terapeutas que se tornaram minhas amigas, elas nos encorajaram a tentar mesmo assim, porque para Deus tudo é possível. Em 2021 convidaram-me para fazer um curso de constelação, aceitei na hora, tive muitas curas e, durante o curso, minha mãe veio a falecer. Aí foi bem pesado. Meu pai sozinho, eu de filha única precisando estar firme ao lado dele, então um dia falei para Deus:

– Chega dessa ansiedade todo mês para ver se estou ou não grávida, se o Senhor quiser nos abençoar estou aqui pronta e de coração aberto, neste momento preciso ajudar meu pai.

Dois meses depois eu engravidei e minha mãe veio em sonho para minha tia dizer que eu estava esperando uma menina, o que se confirmou logo mais. Superei medos, lembranças e crenças com meus 43 anos e meio, tendo uma gestação saudável e abençoada com a graça de Deus.

Em 5 de outubro de 2022 nasceu a Catarina, totalmente perfeita e saudável, para completar a nossa família.

O que quero dizer com tudo isso?

Ore, estude, sempre faça de tudo para tentar de novo e acredite independentemente do que seja o medo, credo, idade ou situação, se essa for a real vontade do seu coração, porque Deus age onde ele escuta os nossos desejos mais íntimos.

“TUDO QUE ACONTECE EM NOSSA VIDA TEM UM SIGNIFICADO. OU É BÊNÇÃO, OU É APRENDIZADO.”

KÁTHIA KARLS

MAIARA FRANCIELE SILVA

Sou Maiara Franciele Silva, natural de Cristais/ /MG, onde resido com minha família: meu esposo Diego, com quem sou casada há dez anos, e com meu filho Anthony, de 3 anos.

Sou advogada especialista na área previdenciária, CEO do escritório MFDC Advocacia há oito anos, com minha sócia Daniela.

Na jornada do empreendedorismo jurídico, aprendi que, para alcançar o sucesso, é necessário buscar conhecimentos além daqueles adquiridos na faculdade.

Foi aí que me apaixonei por autoconhecimento, oratória, comunicação e processo de desbloqueio emocional, e me tornei também mentora e escritora. Vivi algumas provações e superações, fui curada para curar e este capítulo é propósito de Deus para transformar você.

maiarafrancieleadv
maiarafranciele.adv@hotmail.com
+55 (35) 99188-0816

19

COMO SUPORTAR PROVAÇÕES E ACESSAR O EXTRAORDINÁRIO

POR MAIARA FRANCIELE SILVA

Deus tem um propósito lindo por meio deste capítulo, o qual dedico a você, leitor(a), aos meus pais Marcos e Maraisa, ao meu esposo Diego, meu filho Anthony e meu sogro José Wantuir (***in memoriam***), que faleceu enquanto eu escrevia este capítulo.

Em que pese lhe contar minha história para que entenda os milagres que Deus faz na vida de quem Nele crê, este capítulo não é sobre mim, é sobre como minha jornada de superação e cura vai ajudar você a viver uma vida de abundância, prosperidade e a acessar as promessas que o Pai tem sobre sua vida.

Assim como a maioria das pessoas, eu também tenho medo da morte e Deus nos prova exatamente na raiz dos nossos medos, então fui provada por meio de uma trombose venosa cerebral grave, com risco de embolia pulmonar, e de um câncer na tireoide que poderia ter me deixado sem voz. Esses diagnósticos foram desafiadores; na prática viver a provação não é fácil, mas quero mostrar, por meio da minha história, que os processos são necessários para nos direcionar ao propósito e que a forma com que enxergamos nossas provações fará toda a diferença em nossos resultados.

Você já parou para pensar sobre o que é uma vida extraordinária? Quando falamos de vida extraordinária, prosperidade, abundância, logo vêm à nossa mente questões ligadas ao ter. No entanto, o extraordinário de Deus para nós vai muito além disso e compreende o emocional, profissional, financeiro, intelectual, servir, saúde, social, filhos, conjugal, parentes e espiritual, que devem estar alinhados entre si.

Na busca pela vida extraordinária e pelo equilíbrio de todas essas áreas, por diversas vezes somos colocados diante de obstáculos e provações. Eu sei que você já passou ou está passando por alguma tribulação e que às vezes pensa que não consegue mais e chega até mesmo a questionar a vontade de Deus.

Comigo não foi diferente, minha jornada profissional começou aos 13 anos, quando fiz meu primeiro curso de manicure e fui ajudar minha mãe no salão de beleza que ela possuía na época.

Ali pela 7ª série, tomei gosto pela carreira jurídica e desde então tive a certeza de que faria o curso de Direito. Trabalhei durante a época de escola e faculdade, fui manicure, vendedora em papelaria, loja de roupas e pijamas, trabalhei no Banco do Brasil como agente de crédito terceirizada e, após quase quatro anos nesse emprego, já no último ano da faculdade de Direito, tomei uma das decisões mais difíceis até então. Como havia passado na prova de estágio do Tribunal de Justiça de Minas Gerais (TJMG), fui chamada para o estágio do fórum e, além disso, precisava estudar para prova da OAB, então tive que escolher entre o emprego ou o estágio e estudar. Assim, pedi demissão e joguei-me num sonho com a única coisa que eu tinha que era a fé, foi luta em cima de luta até que consegui a aprovação na OAB, em seguida veio a formatura e com ela muitos medos e incertezas.

Pela providência divina, eu e minha sócia recebemos um convite para abrirmos um escritório de advocacia em sociedade com um renomado escritório, cujos donos eram nossos ex-professores de faculdade. Passado algum tempo, em que pese ter até hoje muita gratidão pela oportunidade, decidimos seguir sozinhas com o escritório e novamente o medo e as incertezas nos invadiam. No entanto, como se não bastasse, pouquíssimo tempo depois tive uma série de dores de cabeça e fui diagnosticada com trombose venosa cerebral grave.

Fui levada de SAMU para a área vermelha do hospital de Divinópolis/MG, onde fiz exames às pressas haja vista a gravidade do caso (risco de morte súbita por embolia pulmonar ou de sequelas graves). Perguntei ao médico quando teria alta e ele não tinha previsão e disse que dentro de seis meses teria que repetir o exame de arteriografia, então eu disse: "Declaro que vou ter alta essa semana e não irá precisar repetir a arteriografia, em nome de Jesus".

Milagrosamente, tive alta do hospital na mesma semana, passaram-se seis meses e repeti a ressonância, cujo resultado mostrou que eu estava 100% curada, não precisei repetir o exame de arteriografia, visto que na nova ressonância sequer havia sinais de que tive uma trombose venosa cerebral um dia, estava totalmente curada e sem sequelas.

Esse primeiro milagre nos ensina que o poder está em nossa mente, naquilo que cremos e em nossas palavras, o poder de declarar cura e bençãos sobre nossa vida faz com que essas palavras se tornem reais. "A palavra tem poder de vida e de morte" (Provérbios 18:21).

Após a trombose, descobri que para ter filhos precisaria tomar uma injeção na barriga todos os dias da gestação a fim de evitar o risco de trombofilia, e o sonho de ter filhos tornou-se um medo. Passaram-se três anos e Deus nos enviou o Anthony, que significa valioso presente de Deus. Foram dias difíceis, tomar as injeções todos os dias até o parto, mas o amor venceu e ele veio ser minha benção e mais um testemunho.

Alguns anos se passaram e, entre provações e obstáculos na vida pessoal e profissional, seguimos sem renunciar aos nossos princípios, valores e fé, e o que parecia impossível lá no início foi acontecendo, fomos crescendo e obtendo cada dia mais resultados no escritório.

Além do escritório, um sonho queimava em meu coração: perder o medo de falar em público e palestrar para mulheres empreendedoras. Então, junto com uma amiga, Bianca, criamos uma comunidade de mulheres, a Empreendedoras 3.0, e fizemos nosso primeiro evento presencial. Desse evento surgiram muitos frutos, mulheres que se despertaram para o empreendedorismo, mulheres que queriam desistir e resolveram prosseguir e implementaram o poder do "eu consigo" em suas vidas. Devido ao sucesso do evento, marcamos a segunda edição.

Tudo caminhava perfeitamente bem até que no meio dos preparativos para o evento fiz uns exames de rotina e descobri um câncer na tireoide, inicialmente benigno, com características de maligno, então tive que repetir os exames, enquanto isso lançamos a segunda edição do evento de mulheres e, no outro dia, saiu o resultado dos exames, um câncer maligno na tireoide.

Após o diagnóstico, recebi uma mensagem que dizia: "O Espírito Santo me deu uma visão de você com o resultado de seu exame em mãos agradecendo ao Senhor pela vitória em sua vida, com a música 'Tu és o centro', do frei Gilson. Toma posse disso, Deus é maravilhoso".

Quando li a mensagem, eu já sabia que o diagnóstico era "maligno", então pensei: valeu a intenção da mensagem, mas a pessoa teve uma visão "turva".

Aceitei o câncer na tireoide e segui fazendo os exames para o risco cirúrgico e organizando cada detalhe do evento de mulheres, até que chegou o dia da consulta para agendamento da cirurgia. Nesse dia o chão abriu-se debaixo dos meus pés, de início o médico constatou que havia risco de furar a traqueia durante a cirurgia e de perder a voz, pois o caroço estava colado, constatou infarto agudo do miocárdio e não foi só isso, constatou ainda uma mancha no pulmão que poderia ser uma metástase.

Antes do exame para saber se era metástase (câncer no pulmão), dobrei os joelhos no chão do banheiro do hospital e clamei a Deus pela cura, e no momento eu me lembrei da mensagem e da visão que dizia que eu ia cantar "Tu és o centro" agradecendo a vitória de um exame e pedia para eu tomar posse, então comecei a cantar: "Eu tomo posse da graça de Deus, tomo posse da cura Senhor".

Meus amigos, aquela visão não havia sido "turva", pois se tratava desse resultado e não do primeiro, quando descobri que o câncer era maligno, e neste resultado eu não estava com metástase para o pulmão e nem infartada e já podia marcar a cirurgia. Essa foi mais uma provação com propósito, afinal o tema e a música do evento de mulheres haviam sido escolhidos antes desses diagnósticos, e a letra diz: "Tudo até aqui foi para edificar a tua vida, eu sei, você não entendeu ainda, que a sua história vai ser um memorial de superação. As feridas vão cicatrizar, vai ficar a experiência, vai ser lindo o testemunho que você vai contar, somente espera. Tem um propósito nesse processo; onde tem prova, tem vitória".

E o tema do evento era: "Só vive o propósito quem suporta o processo", então enfrentei meu processo, declarei e tomei posse da cura sobre todos os diagnósticos, fiz a segunda edição do evento de mulheres, uma semana depois fiz a cirurgia e o caroço não estava mais colado na traqueia, motivo pelo qual não tive nenhum problema na voz e fui 100% curada.

Na sala de cirurgia eu entendi qual era meu propósito e missão: ser curada para curar, fui curada de uma trombose venosa cerebral grave e de um câncer na tireoide e tive a voz preservada para que meus testemunhos possam tocar, curar e transformar outras vidas.

Quero dizer-lhe que você pode ser curado e transformado para acessar o extraordinário em qualquer área da vida por meio de três pilares essenciais: **autenticidade**, **fé** e **resiliência**.

Autenticidade permite-lhe ser livre para ser quem você é, sem rótulos, e acessar o seu eu interior e a sua real identidade, reconhecendo quem é você e as habilidades e competências que Deus Pai lhe confiou. Na parábola dos talentos, em Mateus 25:14-30, aprendemos que cada um de nós tem uma missão e que para acessar a promessa que Deus Pai tem para nós devemos ser como o servo bom e fiel e desenvolver nossas habilidades e competências usando nossos talentos para construir uma vida próspera e abundante.

Fé é mais que acreditar, é agir, para ter superação você precisa de uma superação: "Peçam, e será dado; busquem, e encontrarão; batam, e a porta será aberta" (Mateus 7:7-8).

Resiliência para adaptar-se às aflições. Nós teremos dias de aflições, mas lembre-se: você foi feito para a abundância, não esmoreça, "[...] no mundo tereis aflições, mas tende bom ânimo; eu venci o mundo" (João 16:33).

Treine o olhar para enxergar qual o propósito das suas provações, permita-se ser moldado e direcionado, afinal a provação é o que está entre você e a promessa. Você tem duas escolhas: vitimizar-se e não atravessar o seu deserto ou ser protagonista, suportar o processo e acessar as promessas e o extraordinário de Deus em sua vida.

A escolha é sua: qual é sua decisão?

> SÓ VIVE O EXTRAORDINÁRIO QUEM NÃO DESISTE NO PROCESSO.
>
> MAIARA FRANCIELE SILVA

NAJÁRA MORÀIS

Olá! Meu nome é Najára, sou mãe de David e Pedro, meus filhos maravilhosos, razão dos meus dias, que me impulsionam mais e mais. Sou mentora de mulheres, apaixonada pelo desenvolvimento humano. Matemática, personal especialista em emagrecimento comportamental, embaixadora do Instituto EmagreC, consteladora sistêmica, monitora da Universidade do Emagrecimento Comportamental e analista de perfis, CEO da Menina Mulher Academia. Atuo em projetos de sucesso nas regiões Sul, Sudeste e Nordeste do Brasil. Por meio do método Liberdade de Ser, centenas de mulheres transformaram suas vidas.
Superei grandes desafios, curei traumas e feridas emocionais, provei que é possível mudar a própria história por meio do autoconhecimento e do posicionamento assertivo.

nanah.morais
najarapersonal@gmail.com
+55 (73) 99143-6113

20

LIBERDADE DE SER VOCÊ

POR NAJÁRA MORÀIS

Ao começar, meu peito se enche de emoção ao notar que o caminho trilhado por mim, apesar de tão desgastante, trouxe uma nova rota para tantas outras histórias. Quando isso acontece, logo grito: "Agradeço-Te, Deus, pois agora não me falta mais nada em minha vida!". Logo, recordo o quanto minha trajetória foi marcada pela força, coragem, determinação e persistência em "suportar tudo", anular-me apenas para não correr o risco de perder. Daí me questiono: será que eu poderia perder a mim mesma só para não "perder" a figura masculina que de modo imaginário me "protegia"? E que proteção é essa que lhe adoece e desrespeita a ponto de faltar a sua própria essência?

Bem, levou tempo para eu me desenvolver e me encontrar em meio ao processo que descrevo aqui. Pois eu, mesmo que inconscientemente, venci as feridas que existiam em mim desde a infância. Uma menina que cresceu em um cenário no qual o peso da vida era a única maneira de vencer qualquer que seja o desafio. Família numerosa, décima primeira e última filha de um casal, que lutava para manter um casamento regado às mazelas do alcoolismo. Aos oito anos já tinha seus trabalhos para bancar seus estudos e auxiliar no sustento. Seu pai, primeira referência masculina, era amoroso e alegre, bêbado e violento. Assim, ela aprendeu a se defender de todos os problemas, trazendo para si mesma as responsabilidades de fazer a diferença naquele lugar, em que passava por humilhações e ouvia dizerem: "Ruim com ele, pior sem ele". Desse modo, ela aprendeu a trabalhar, estudar e buscar cura para suas feridas ao amenizar o peso alheio.

Nós só somos livres quando não pertencemos a lugar nenhum. Foi a frase[1] que causou uma profunda reflexão em mim assim que meu pai morreu. Isso é real? Meu subconsciente fervilhava ao buscar essa resposta que nem eu mesma sabia que almejava. Eu só queria pertencer a um mundo em que as famílias tinham homens protetores e provedores; em que os vícios não tinham o poder de tirar de mim quem eu amava. Assim, essa frase não fazia sentido: eu pertencia ao mundo das mulheres que venciam, ao grupo das que suportariam tudo até chegar ao ponto de não perder. Como em minha história perdi meu pai por muitas vezes, eu repetia: "Só quero distância de álcool e cigarros". Mas, por ironia do destino, o homem que se tornou pai de meus filhos, esposo amado por mais de duas décadas, após um trauma, passou a vivenciar o processo que meu pai vivera outrora. Agora, já mulher, passou a conviver com a mesma dor. Só que em posição diferente: passou a sentir a necessidade de se encaixar, mesmo que repleta de dores, "em lugar algum", como forma de "liberdade", só para não perder novamente para essa doença.

Só que isso não era a minha libertação. Passei por noites de desesperos, medos, traições e calúnias, feridas e acusações, dúvidas e adoecimentos constantes. Por muito tempo, eu não era eu mesma para não desagradar, eu "não sabia" para não irritar, eu "não tinha inteligência" para não ofender. Não contava o que me dilacerava só para evitar tragédias nas vidas de quem me traía, me violentava, humilhava e expunha... Todo esse processo contínuo, por anos a fio, só me adoeceu.

Por muitas vezes, eu me recordava da voz da minha mãe em seu sofrimento no passado e era como se ela repetisse a velha e boa frase: "Aguenta mais um pouquinho, filha! Eu sofri, mas eu venci! E mesmo que me doa reconhecer, no meu peito ecoava: vencer é continuar casada e lutando contra todos os malefícios desse processo. É ser maior que a morte".

Acredito que isso era mesmo um grande engano da minha própria mente (subconsciente) tentando sobreviver mais uma vez em meio a todo esse contexto terrível de sofrimento e julgamentos. Quer saber o que me fez permanecer nesse processo tão doloroso e não me desvencilhar bem antes?

[1] Inspirada em: BROWN, Brené. **A coragem de ser você mesmo**: como conquistar o verdadeiro pertencimento sem abrir mão do que você acredita. 7. ed. Trad. Guilherme Bernardo. Rio de Janeiro: BestSeller, 2023.

Após estudar e me capacitar, posso afirmar que foi meu perfil comportamental--estético + alto risco + pesado, combinação que jamais aceitaria perder e demonstrar imperfeição, fraqueza... Todos esses e outros componentes em sua narrativa de vida. Agora, vocês devem ter ficados curiosos para entender um pouco mais sobre essa temática, não é? Convido vocês a lerem um pouco mais e, ao término desta leitura, entrar em contato comigo para que possamos nos conhecer e para que eu também possa melhorar sua vida, potencializar seus resultados. Aqui afirmo a vocês que foi buscando uma forma de não perder que acabei me encontrando, conhecendo Ana Larissa Lima e seu método SP, que eu me tornei analista de perfis de emagrecimento comportamental.

Esse conhecimento mudou tudo em mim. Mesmo em meio a grandes sofrimentos, a percepção de quem sou gerou a decisão de me aprofundar cada vez mais nesse universo do desenvolvimento humano e seus comportamentos, gerando novas formações e projetos; desde então, estudos sobre mentalidade feminina, mundo sistêmico e treinamentos de autoimpacto com a maravilhosa Tayane Cavalcante também passaram a ser constantes em minha rotina. Ana Lisboa e Elton Euller também são mentores que me auxiliaram a ser uma nova mulher. O alavancar da tríade corpo, alma e energia trouxe a clareza de princípios, valores e posicionamentos que curam e libertam.

Eu não tinha mais a grande necessidade de agradar; não necessitava negar essa dor, passando-a aos meus descendentes; agora já não tentava mais mudar o outro. Apostem aí, a Najára do passado tinha tudo isso presa em si, só para se moldar ao que o outro determinava. Enfim, tudo isso passou; graças a Deus, ela floresceu. Agora, ela analisa perfis, roda protocolos, participa de treinamentos, desenvolve projetos e métodos criados para cuidar do feminino e curar mulheres. Agora, essa menina não tem mais vergonha ou medo de perder o que, na verdade, nunca teve mesmo. O que eu tinha era uma alma impregnada de coragem e desejo de ser quem nasci pra ser e viver: e, mesmo em meio a relatórios médicos, tremores intensos, paralisias, desmaios, sessões de fisioterapia, dores crônicas, tremores essenciais, síndromes... enfim, eu me escolhi, sim, pela primeira vez eu me escolhi: dei um basta em tudo que me adoecera e tirava o brilho dos meus olhos e o sorriso dos meus lábios; os movimentos de minhas pernas e mãos, que por muito tempo foram velozes, fortes e flexíveis a ponto de ser campeã por vezes seguidas; agora os médicos pediam afastamento das atividades laborais por incapacidade e os suplementos e treinos davam espaço a medicamentos e fisioterapias.

Ao conhecer e honrar minha ancestralidade, estudar e desenvolver projetos, estudar e usar minhas habilidades para servir, apliquei técnicas que o nosso Senhor Deus me deu a capacidade de desenvolver; criei uma metodologia chamada **Liberdade de Ser**. Assim, tudo passou a fluir. A percepção gerou a decisão e, posteriormente, a ação de buscar a transformação da mentalidade e do comportamento feminino, a ponto de mudar posicionamentos e ações. A Menina Mulher Academia Feminina ganha mais projetos diferenciados, realizados por meio de mentorias, encontros e desafios. Tudo isso na busca pela cura do feminino e o acesso ao recurso do perfil comportamental que gera a melhoria integral da mulher, inclusive ocasiona o emagrecimento. Se você ainda não sabe, gordura é proteção. Mas isso é assunto para tratarmos em outro momento. Até aqui, é suficiente afirmar que a cura emocional a faz encontrar-se com sua verdadeira essência e, sim, viver sua verdadeira vida.

Mas, a essa altura, vocês já devem estar se perguntando: e o masculino que ela tanto buscara? E o relacionamento tóxico? Ela se libertou? E a sua autoimagem? E o medo de perder o que na verdade nem se tem?

Depois que a coragem de ser quem sou chegou, eu lhe afirmo: você só não pode perder a si mesma. Então, perceba, decida e aja de modo a liberar seu ser para viver e não mais para sobreviver apenas. Floresça onde Deus te plantou. Respeite seus limites; faça o que disse que faria; admita seus erros e corrija-os; peça perdão; tenha sigilo e intimidade consigo mesmo; escolha a coragem ao invés da comodidade; não emita juízo de valor sobre os feitos dos outros; ofereça generosidade, inclusive consigo mesmo. Foi nesse processo de busca e desenvolvimento contínuo que curei minha alma e honrei todos que vieram antes de mim; perdi o medo de me posicionar e mostrar o quanto realmente sou boa no que faço, passei a atrair melhores clientes e resultados; passei a não aturar mais piadinhas e nunca mais me moldar, encolhendo para caber em um relacionamento em que não sou valorizada. Em minha solitude, eu me reconectei com meu feminino, deixando ir o que deveria e simplesmente recomecei.

Após meu processo evolutivo, entendendo e permitindo impregnar-me das virtudes da alma, com feminilidade, apoiada no autoconhecimento... não precisei ter medo de ser bonita, nem fingir ser leve ou justificar meu valor, minha inteligência...

Um belo dia, o homem mais gentil e cuidadoso que já conheci aproximou-se de mim, confirmando que sim, existe um masculino que me faz sentir cuidada, valorizada e amada. Quando curei a alma, Deus me deu o que tinha medo de perder: tive que aprender a ser mulher para ter o homem que sonhava, ter coragem de me despedir do que doía para acessar a felicidade de nossas essências. Ele e eu estamos aprendendo a cada dia a viver nossa conexão com o espiritual, nossas aventuras e solitudes em meio à natureza, nossas receitas cheirosas, saborosas e tão desejadas sendo preparadas em nossos processos tão intimistas, nossas parcerias de músicas e leituras, nossos papos e loucuras tão incríveis em alto mar... Enfim, nossos risos e momentos com nossos filhos (que, por incrível que pareça, são a carinha um do outro). Todos pensam ser irmãos de sangue. São tão incríveis nossos momentos de proteção e dedicação ao que é importante para o outro. É tão bom viver nossa bagunça organizada, cheia de naturalidade e cumplicidade. Eu afirmo: a melhor coisa do mundo é ter a coragem de ser imperfeita e esse processo a levará para onde pode ser quem é verdadeiramente.

Eu me libertei, maravilhosa.

E você? Já entendeu que se falta você em sua vida falta tudo?

> “SE FALTA VOCÊ EM SUA VIDA, FALTA TUDO.”
>
> NAJÁRA MORÀIS

PATRICIA IENO

Sou Patricia Ieno, carioca, cristã, esposa do Daniel Ieno há dezessete anos e mãe de meninas, Duda e Manu.

Há sete anos, fundei a Patricia Ieno Arquitetura e Interiores. Tenho MBA em *Project Manager*, formação em *Coaching*, Análise de Perfil Comportamental e Corporal, e estudo sobre neurociência aplicada à Arquitetura e Marketing.

Há um ano atuo como palestrante e treinadora de mulheres empreendedoras e de times de venda como especialista em Comunicação Humanizada.

Também sou cantora e líder de mulheres há oito anos no ministério Únicas, sob a orientação da pastora Denise Fragale, da Nova Igreja. Tive o prazer de compor e gravar a música "Filha amada", pela Nova Igreja Music.

O autoconhecimento transformou minha jornada e hoje busco intencionalidade em meu legado.

patricia.ieno
Patricia Ieno
+55 (21) 99398-4070

21

O SEGREDO ESTÁ NA JORNADA

POR PATRICIA IENO

Há dezessete anos, uma mulher comum, recém-formada e recém-casada, iniciava sua jornada. Como arquiteta, seu maior sonho era transformar vidas por meio de ambientes belos e humanizados. Com uma visão positiva da vida, conquistava todos com sua energia, brilho no olhar, sorriso largo e abraço caloroso. Embora desejasse empreender, decidiu seguir a orientação de Deus de adiar esse plano para ganhar maturidade profissional e maiores desafios.

Determinada a buscar oportunidades em grandes empresas, começou a se conectar com pessoas, comunicando seu desejo de contribuir com seus talentos. No entanto, sua experiência limitada em pequenas empresas restringia as oportunidades.

Muitas tentativas foram feitas e todas fracassaram. Mesmo triste e se sentindo desvalorizada, como cristã, renovava a sua persistência em oração. Até que, meses depois, seu pai apresenta-lhe uma vaga. "Uau! Chegou a minha vez!", disse ela. Naquele momento, era tudo ou nada. Não poderia desperdiçar essa oportunidade e muito menos decepcionar o seu pai.

Movida a desafios, estudou tudo sobre a empresa e fez tudo que fosse necessário para gerar mais repertório. Pensou na roupa, treinou diante do espelho algumas falas e finalizou orando e dando graças a Deus por essa oportunidade.

Em um sábado de manhã, dentro de um container de obra, começava uma nova fase. Sim, a vaga tinha sido conquistada. Porém, o mais curioso foi descobrir o motivo dessa conquista: sua experiência profissional.

Naquele momento uma lição tinha sido aprendida: a jornada importa. Quando foco e movimento se encontram, as oportunidades são atraídas. É preciso perseverar e lembrar que, mesmo sem estar no lugar desejado, a semeadura dará fruto.

Esse é o início da minha história profissional e familiar. Cada experiência, desafio, vitória e derrota moldaram meu caminho para a superação. Neste capítulo, quero mostrar como histórias comuns como a minha podem inspirar você a valorizar o processo.

A JORNADA O(A) CAPACITA

Era dezembro. Mal imaginava que seria o mês mais terrível da minha vida. Um mês em que receberia dois golpes fatais: a morte da minha prima e a do meu pai, ambos contaminados pelo câncer.

Minha prima, uma jovem de 32 anos, de cachos loiros, líder nata, tinha uma personalidade única em amar girassóis, vaquinhas e a cor laranja. Minha melhor amiga, que me mostrou um Deus de amor e Pai, e a arquiteta que me inspirou a seguir essa carreira. Já meu pai foi a minha maior referência de empreendedorismo e comunicação. Um homem vencedor, filho de pai zelador e mãe costureira, que superou todas as oposições até conquistar o seu pós-doutorado. Um empreendedor notável, professor amado e reconhecido pelos seus alunos. Não caberiam palavras em um livro para descrever o meu amor por eles.

Nesta época, tentava entender o motivo de tanta dor em tão pouco tempo. Ver minha mãe sofrer com a perda da única sobrinha e do marido amado deixava-me ainda mais devastada. Minha alma aflita impedia que eu buscasse em Deus qualquer ajuda.

Então, percebi que, quando estamos fracos, Deus age nos reerguendo. Muitas vezes não entendemos por que situações difíceis chegam até nós. Talvez por acharmos que deveríamos viver uma vida sem dor. E, sim, esse era o propósito inicial antes do pecado entrar no mundo. Contudo, a verdade é que Jesus disse que, apesar das aflições, precisamos ter coragem e esperança.

Com essa certeza, o improvável surge. Semanas após a perda do meu pai, a esperança torna a existir em forma de vida. Estava grávida da minha primeira filha, a primeira neta. Agora as lágrimas de tristeza se misturavam com lágrimas de alegria. Não poderia duvidar do cuidado de Deus sobre minha vida.

A rotina veio, o dia a dia de trabalho era intenso. No entanto, conforme a gravidez avançava, comecei a sentir uma montanha-russa emocional, com momentos em que nem eu conseguia me suportar.

Os meses se passavam e em um dia normal de consulta descubro que a bolsa havia estourado. Mantive a calma, sentindo até um certo alívio, enquanto o pai da criança ficava cada vez mais ansioso. Após muita emoção em um parto normal, nasce minha menina, Eduarda. Uma morena linda, de olhos marcantes e cheia de vida.

Uma nova jornada se iniciava. Começava ali a equilibrar meus primeiros pratinhos entre maternidade, família e trabalho. Eu me sentia dividida e sem muitas opções de escolha.

Essa fase exigia uma adaptação constante e uma força que eu nem sabia de onde tiraria. Enquanto tentava cumprir minhas responsabilidades profissionais, a ausência da minha filha pesava no coração. Cada dia era uma batalha entre meu desejo de ser uma mãe presente e a necessidade de manter minha carreira.

Com o tempo, aprendi a valorizar os momentos juntos e a ser mais eficiente no trabalho. A jornada era árdua, mas cada desafio superado fazia-me mais forte e determinada a criar um futuro melhor para mim e para minha família.

Até que, em um dia especial – meu aniversário –, depois de um almoço comemorativo e agradável, mal imaginava que terminaria com uma carta de demissão.

Naquele instante, uma mistura de desespero e alívio tomou conta de mim. Minha mente inquieta perguntava: "O que fiz para estar nesta lista? Será que agora é a hora de abrir meu escritório?". Muitos outros questionamentos surgiram, até que me vi grávida novamente.

Essa descoberta trouxe um turbilhão de emoções. Precisava reavaliar meus planos e encontrar uma forma de conciliar a chegada de um novo bebê com a busca por novas oportunidades profissionais. A vida apresentava-me mais uma vez a necessidade de adaptação e resiliência.

Confesso que foi um período delicado. Era preciso ser mais produtiva para cuidar de uma criança, dedicar atenção ao marido, gerenciar o trabalho e os afazeres da casa, e fazia questão de manter o voluntariado na minha Igreja. Foi desafiador, mas meu coração estava grato por ser a dona do meu tempo.

A segunda gravidez representou um novo despertar para mim. Estaria em meus braços mais uma menina, loirinha, carinhosa, a Manuela. Que me fez compor a música "Filha amada".

Nessa época, a falta de autoconhecimento paralisava-me, fazendo-me comparar com outras mães que se dedicavam exclusivamente à família. Surgia uma culpa crescente e minhas prioridades foram questionadas. Eu me perguntava se valia a pena sacrificar momentos importantes com minhas filhas pelo trabalho.

Foi quando, em uma reunião de trabalho com cliente e dono de uma escola de desenvolvimento humano, fui convidada a conhecer o curso de análise de perfil comportamental. Aqui iniciava mais uma jornada de superação em busca do autoconhecimento para me libertar de crenças limitantes sobre comparação, merecimento e escassez.

Descobri um mundo transformador. Passei a estudar sobre coaching, análise de perfil corporal e neuroarquitetura e neuromarketing. Esses estudos impactaram todas as esferas da minha vida.

Eis que a pandemia chega. Diferente de muitos, essa foi a época que meu escritório mais cresceu. Porém, junto com o crescimento veio o desafio de criar processos que dessem mais autonomia sem perder a qualidade.

Tive a percepção que as ferramentas do desenvolvimento humano poderiam melhorar a produtividade e a lucratividade do meu escritório. Foi quando, por meio de pesquisas com clientes, identifiquei padrões de projeto para cada perfil comportamental, tornando o processo criativo mais eficiente, reduzindo a quase zero as revisões e fortalecendo nosso respaldo profissional.

Eu mal poderia imaginar que esse meu novo método de trabalho, que se tornou uma paixão, iria aumentar minha lucratividade e indicações. Isso me deixou tão impactada que, ao comunicar meus resultados com parceiros e amigos, sem perceber, abri novas portas profissionais: a do ensino.

Com um tema curioso, eu me vi diante de quarenta arquitetos e designers palestrando sobre análise de perfil na arquitetura. Dali em diante, outras portas se abriram, fazendo-me participar de diversos podcasts e a mentorear profissionais.

Todas essas experiências me levaram a buscar em Deus orientação sobre o futuro da minha vida profissional. Eu estava me sentindo insegura e confusa. Será que eu deveria deixar para trás tudo que havia conquistado?

Foi quando as palavras **legado**, **foco** e **velocidade** acenderam algo em mim. Nesse momento, a transição de carreira se tornaria realidade, tirando-me da zona de conforto.

Questionava para Deus o que poderia ensinar além de arquitetura. A resposta veio clara: "Sua jornada é a chave para o próximo nível. Tudo que você precisa já está dentro de você".

Mesmo com medo e sem entender, decidi obedecer e, em fevereiro de 2024, surgiu a primeira edição do ***workshop*** Mulher Vende+, que tem o objetivo de desenvolver pessoal e profissionalmente mulheres por meio da comunicação humanizada trabalhando: autoconhecimento, posicionamento humanizado, networking e vendas.

Refletir sobre todas essas jornadas da minha vida me fez amadurecer e vivenciar uma transformação interna. Aprendi que o verdadeiro sucesso não se mede apenas pelas conquistas profissionais ou pela dedicação exclusiva à família, mas pela capacidade de amar, cuidar e encontrar alegria nas pequenas vitórias diárias. Hoje olho para trás com gratidão pelas lições aprendidas e pela força que encontrei dentro de mim para superar esses desafios.

O apoio da minha família, especialmente do meu marido, foi fundamental. Ele me incentivava a perseguir meus sonhos, ao mesmo tempo em que me lembrava da importância de estar presente para nossas filhas. Com o tempo, aceitei que não era possível ser perfeita em tudo, mas que poderia ser excelente sendo eu mesma.

Hoje, estou decifrando os passos da nova jornada. Um novo modo de projetar casas, agora não mais só de tijolo, mas projetado com conhecimentos que transformam vidas de dentro para fora.

A jornada é o segredo do extraordinário sucesso da vida. Cada jornada nos molda para sermos mais fortes e nos faz refletir sobre a importância do legado. Não se trata de mim, mas do que Deus deseja fazer por meio de mim. Aprenda a desfrutar na jornada!

> “A JORNADA É MAIS IMPORTANTE QUE O DESTINO.”
>
> PATRICIA IENO

PAULO ALCÂNTARA

Sou Paulo Alcântara, tenho 36 anos, nasci na cidade de Volta Redonda/RJ. Após me formar em 2019 como engenheiro civil, comecei a empreender no setor e iniciei também meus primeiros investimentos no mercado financeiro.

Em 2022 eu me mudei para a capital de São Paulo, onde pude adquirir experiência trabalhando em uma empresa de educação financeira e tecnologia. Desde então, iniciei minha especialização nesse setor.

Após concluir meu MBA em Finanças, em 2023, dei início em minha jornada como planejador financeiro e tenho ajudado várias famílias a saírem de suas dívidas e a realizarem seus sonhos por meio do planejamento financeiro.

paulaolcantara.financas

22

APENAS SONHAR NÃO É O SUFICIENTE

POR PAULO ALCÂNTARA

Tudo começa com um sonho.

Você provavelmente já se pegou centenas ou até milhares de vezes sonhando com tudo aquilo que você gostaria de conquistar para você e para os seus, certo? Afinal de contas, são os sonhos que nos dão a energia necessária para enfrentar nossas batalhas diárias, e é um fato que todas as pessoas que já conquistaram algo importante na vida sonharam com aquilo um dia. E isso não poderia ser diferente comigo, nem com você.

Mas será que apenas sonhar é o suficiente?

O dia era 19 de dezembro de 2014 e eu estava me divorciando, terminando um relacionamento de quase oito anos. Trabalhava como auxiliar administrativo em um escritório de um político relevante na região sul fluminense e ganhava R$ 1.700. Havia acabado de terminar o 1º período da minha tão sonhada faculdade de Engenharia Civil e estava tendo o pior dia da minha vida.

Aquele final de ano, ao contrário dos outros, foi diferente: eu não estava animado, eu não estava fazendo minha lista de metas de ano novo, eu não estava feliz, eu não tinha condições emocionais de vislumbrar um futuro na minha vida. Sentia-me falido, era um homem de 27 anos, ganhando pouco, tinha um carro velho quebrado na garagem e, devido às minhas circunstâncias financeiras pós-divórcio, fui obrigado a voltar a morar na casa dos meus pais.

O ano de 2015 começa e junto a ele o 2º período na Engenharia Civil, e como é sabido sobre a maioria dos cursos de engenharia, os primeiros períodos separam o joio do trigo. Porém, eu ainda tinha um agravante: havia terminado o Ensino Médio em 2005, estava há nove anos sem estudar e tinha muitas dificuldades com a matemática, além de ter feito um 1º período conturbado devido ao divórcio. E tudo isso se refletia, é claro, nas minhas notas.

Naquela época eu não sabia, mas já tinha estabelecido minha primeira meta de longo prazo na vida: concluir o curso de Engenharia Civil em julho de 2019 a qualquer preço. E, como toda meta exige, seria preciso fazer alguns sacrifícios, então decidi colocar todo o meu foco naquilo e já não me preocupava com o que os outros iriam pensar de um homem de 27 anos, divorciado, morando novamente com os pais.

Foi a primeira grande decisão que eu tomei e foi o gatilho de mudança na minha vida, mas eu teria que reaprender algumas lições valiosas.

Lição 1: aceitar que precisava de ajuda. Eu precisava melhorar minhas notas. Criei coragem para conversar com um dos mais temidos professores que, como a maioria dos professores de cálculo, era admirado por poucos e odiado por muitos. E até hoje me lembro de suas palavras:

— Minha matéria não é difícil, o problema é que vocês não sabem nada de matemática. Vocês não aprenderam o que deveriam ter aprendido no passado e, agora, querem que eu resolva isso para vocês.

Ao tentar me justificar dizendo que estava há mais de nove anos sem estudar, e que não tinha tempo para fazê-lo devido ao trabalho durante o dia e a faculdade à noite, eis que recebo um dos maiores ensinamentos até então. Ele me disse:

— Você sai no final de semana? Você vê televisão? Você dorme? Se tem tempo para isso, tem tempo para estudar. Bem-vindo à Engenharia.

Na época, eu ainda tinha o péssimo hábito de terceirizar a responsabilidade. Porém, as palavras dele me transportaram imediatamente de volta para os quatro anos em que fui militar da Seção de Instrução Especial da Academia Militar das Agulhas Negras (AMAN). Nosso lema era: "Nós só admitimos os fortes!", e eu estava sendo um fraco, pedindo para o professor "aliviar" nas provas, por eu ser fraco em matemática. Achava que não tinha tempo para estudar e que não conseguiria "correr atrás do prejuízo".

Lição 2: tomar decisões e agir. Parei de assistir TV, comecei a frequentar a biblioteca, chegava em casa e estudava das 23h até quando aguentasse. Decidi reaprender toda a matemática desde o primário.

À medida que as semanas passavam, momentos de lazer foram ficando cada vez mais curtos e os círculos de amizade começaram a mudar no mesmo ritmo que as notas mudaram: drasticamente.

Lição 3: mudança de mentalidade. Ainda em 2015, continuava solteiro, trabalhando no mesmo emprego, ganhando a mesma coisa e 100% focado em Engenharia Civil. Foi aí então que eu a conheci, a pessoa responsável por me fazer acreditar outra vez. Ela era uma mulher que, além de linda e atraente, não era desocupada, pelo contrário, ela tinha um perfil estudioso e fazia faculdade de Medicina na minha cidade. O maior ponto positivo desse novo relacionamento era que ela entendia os meus momentos de dedicação ao trabalho, aos estudos e me apoiava.

Aquilo foi me dando outro tipo de visão sobre relacionamento. Como uma parceria poderia ser tão poderosa em prol de um objetivo comum?

O maior desafio que enfrentei no começo do relacionamento foi arcar com os momentos de lazer do casal, pois ganhava muito pouco e quase não sobrava dinheiro para nossas saídas. Isso foi criando desconforto e insegurança, pois toda vez que entrávamos em um restaurante eu não podia pedir o que queria, mas apenas o que eu poderia pagar. Confesso que esse foi um dos meus traumas financeiros.

Se apenas com as saídas eu já sofria com os preços dos cardápios, imagine quando ela teve a ideia de fazermos um cruzeiro para comemorar o seu aniversário.

Na hora em que eu ouvi suas palavras, fiquei em choque e apenas consegui rir.

Pensava: como ela poderia achar que eu, que ganhava R$ 1.700 por mês, poderia pagar um cruzeiro que custava mais de R$ 3.000? Na época eu gastava mais da metade do meu salário com a faculdade e o que sobrava eu dividia entre ajudar meus pais nas despesas de casa e sair com ela.

Amigo(a) leitor(a), o que você faria no meu lugar?

O mais racional para mim, naquele momento, foi dizer que era impossível. Porém, a mudança de mentalidade começou nesse momento. Por meio de simulações e contas, ela me provou que, matematicamente, era possível, desde que nós concordássemos em sacrificar as "saídas" do casal, durante um ano inteiro, e redirecionássemos essas economias para o cruzeiro.

Lição 4: defina uma meta e construa o plano. Você sabe a diferença entre sonho e meta? Quem nunca sonhou em fazer um cruzeiro?

Eu também sonhava. Mas eu só consegui tornar esse sonho realidade após definir essa meta e construir o plano.

Todo dinheiro que conseguisse economizar seria para o cruzeiro. Sendo assim, ela me encontrava na casa dos meus pais nos finais de semana para estudar e os momentos de lazer do casal eram filmes em casa, fazíamos pipoca e íamos ao supermercado em vez de pedirmos ***delivery***. Conseguia com essas pequenas mudanças economizar pouco mais de R$ 300 por mês.

Uma vez, sabendo quanto poderia economizar todos os meses, escolhemos um cruzeiro para a América do Sul, devido aos custos reduzidos, por não necessitar de passaporte e visto, além da valorização do real frente às demais moedas.

Para juntar os R$ 3.000 necessários, precisaria de pelo menos um ano, então fechamos a viagem com um ano e meio de antecedência, para 2017. Dividimos no cartão em 10x, os outros seis meses de economia seriam para despesas que teríamos no navio e nos desembarques.

Aprendi alguns benefícios de planejar viagens com antecedência. Conseguimos uma promoção de bebidas liberadas durante almoço, jantar e descontos em ***drinks*** nos bares e ***pubs*** do navio. Então, nossa única despesa seria quando estivéssemos visitando lugares em terra.

Lição 5: siga o plano. Muitas vezes, eu quis gastar o dinheiro economizado com coisas fora do plano, mas eu me contia, afinal nunca a vi tão animada. Isso foi o suficiente para manter a disciplina e seguir o plano. Confesso que valeu a pena cada sacrifício, pois nenhuma recompensa de curto prazo teria sido tão magnífica quanto a realização daquele sonho com ela.

Ao retornar dessa viagem e postar as fotos, recebi mensagens perguntando como aquilo foi possível. Amigos e familiares questionando como consegui fazer algo que, na cabeça deles, era impossível dentro daquela minha realidade. Nesse momento percebi que muitas famílias, assim como a minha, não conheciam o poder do planejamento financeiro. Naquele dia, senti a necessidade de mostrar para as pessoas que, se eu havia conseguido, elas também poderiam. Porém, eu só iria descobrir como fazê-lo anos após.

Ainda em 2017, perdi o emprego devido a mudanças no cenário político e tive que me virar para continuar pagando a minha faculdade. Em 2018, comecei a trabalhar como estagiário em uma assessoria empresarial que atuava na reestruturação de empresas. Esse foi o meu primeiro contato com o mundo das finanças.

Como sempre acontece, você persistindo ou não, de qualquer maneira, o tempo passa. A tão sonhada data – julho de 2019 – chegara, e concluí minha primeira meta de longo prazo da vida: tornei-me engenheiro civil, comecei a empreender na Engenharia e fiz grana. Meu sonho estava realizado, e a partir dali sentia como se pudesse fazer qualquer coisa.

Ainda em 2019 conheci o mercado financeiro. Surgia então a necessidade de entender esse novo universo.

Ao me mudar para São Paulo, tive a oportunidade de trabalhar em uma empresa de tecnologia e educação financeira, em que pude adquirir experiência. Naquele momento senti que tinha a chance de retomar meus planos de ajudar as famílias, mas eu ainda não estava pronto. Sentia que precisava me especializar ainda mais. Foi pensando nisso que decidi investir mais tempo e dinheiro em qualificação, fazendo MBA em Finanças, para me tornar um especialista no assunto e iniciar minha jornada como planejador financeiro.

Essas cinco lições foram a base para a minha mudança de vida nessa jornada de uma década. E agora, em 2024, chegamos ao ápice com este livro. Para você, que acompanhou um pouco da minha história até aqui e também gostaria de mudar sua vida financeira, faço um convite. Hoje, ajudo famílias a realizarem seus sonhos e também quero ajudar você, então me chame pelo Instagram que eu tenho um presente imperdível para lhe dar.

Deixe-me te contar um segredo sobre sonhos realizados: quando você alcança algo que antes achava muito difícil ou talvez até mesmo impossível de ser alcançado, algo muda no seu interior e você se sente capaz de realizar coisas ainda maiores.

“TUDO COMEÇA COM UM SONHO, MAS SÓ TERMINA SE TIVER UMA META E UM PLANO.”

PAULO ALCÂNTARA

PR. NETO

Sou Manoel Neto, natural de Jacobina/BA. Resido em Feira de Santana/BA, com minha família, casado há 10 anos com Camilla, pai de três filhos, Ana Clara, Miguel e Emanuel. Sou pastor há nove anos, e há dois anos, com minha esposa, fundei a Igreja Evangélica a Fé que Vence o Mundo, e o projeto social Quero Almas que atua no Brasil e em Moçambique. Tenho dedicado minha vida a transformar vidas e a levar a mensagem do evangelho de Cristo. Entendo que, independentemente da sua trajetória, há possibilidade de mudar a direção da sua vida e escrever uma nova história.

neto_camillamota
Pastor Neto a fé que vence o mundo
Camilla Neto
+55 (75) 98100-3006

23

A AUTORRESPONSABILIDADE NO MEU DESTINO

POR PR. NETO

Em 2001, eu tinha 14 anos e morava no garimpo das esmeraldas. Com essa idade, comecei a beber e a usar drogas (cocaína). Vivi onze anos da minha vida sob influência de bebidas e drogas, perdi dinheiro, familiares, minha paz e minha identidade. Constantemente brigava nas ruas, xingava pessoas por conta dessas atitudes. Sofri várias tentativas de assassinato – sofri um atentado, em que foram efetuados cinco disparos de arma de fogo contra mim, mas, graças a Deus, nenhum me atingiu. Em um determinado dia, bêbado e drogado, cheguei a atear fogo dentro da minha casa; vendi uma geladeira para sustentar meus vícios. Em um momento de descontrole, com uma chave de rodas, destruí meu carro; sofri um acidente de carro, pois eu estava conduzindo um veículo por influência de álcool e drogas a 140 km/h. O veículo caiu numa ribanceira, mas felizmente não tive nenhum ferimento grave. Minhas atitudes desenfreadas e imaturas levaram à falência da minha empresa. Recomecei minha vida várias vezes. Aos 17 anos, eu me tornei representante comercial de uma indústria, viajava por oitenta cidades na Bahia, de moto. Fui dono de bar, dono de distribuidora de bebidas, corretor e vendedor de pedras preciosas, emprestava dinheiro, fui corretor imobiliário. Porém, eu não conseguia avançar em nada por causa do abuso no uso de álcool e drogas. Emocionalmente, eu estava destruído; tinha depressão, ansiedade, alucinações e tomava atitudes das quais no dia seguinte eu não conseguia me recordar. Isso estava me levando ao fundo do poço, mesmo recomeçando e tentado de várias maneiras, na minha vida profissional eu não conseguia achar um caminho, porque minhas atitudes faziam com que eu retrocedesse constantemente e não conseguisse prosperar em nada.

Chegou um momento em que a minha situação começou a ficar insustentável. Foi quando minha mãe tomou a atitude de me mandar para morar em Feira de Santana com uma tia. Mesmo estando longe de minha mãe, ela me apoiava e orava por mim. Na verdade, minha mãe desempenhou um papel crucial nessa minha nova caminhada. Mesmo sofrendo muito com as minhas atitudes ela nunca deixou de acreditar que eu poderia me tornar alguém melhor. Quando me vi sozinho, longe da minha família e amigos, a ficha caiu. Comecei a perceber que minhas atitudes estavam não só me prejudicando, mas, também, aos que estavam ao meu redor, as pessoas que me amavam.

Quando tomei consciência do meu problema e das consequências das minhas atitudes, comecei a caminhar em direção à transformação da minha vida.

O início da transformação da minha vida se deu no ambiente religioso, quando comecei a frequentar uma igreja. Durante dois anos eu frequentei essa igreja, mas não conseguia parar de beber e de usar drogas. Nesse período, um tio me deu uma oportunidade de emprego, mas chegou um momento em que eu entendi que eu não poderia mais usar drogas e beber. Foi quando de fato eu parei de usar essas substâncias. A partir daí, comecei uma nova caminhada, agora longe dos vícios, mas ainda vivendo as consequências das minhas atitudes.

Todavia, restaram os problemas de origem emocional, o descontrole, a agressividade, as atitudes imprudentes. Agora, mesmo livre dos vícios, os problemas pareciam não ter fim. Mesmo assim permaneci firme na minha nova caminhada, comecei a me afastar de amizades que me levavam aos vícios e passei a me aproximar de pessoas que tinham o mesmo propósito que eu buscava, aproximar-me de Deus e tornar-me uma pessoa melhor a cada dia.

À medida que os dias iam passando, eu caminhava rumo à minha nova vida, comecei a me envolver nas atividades da Igreja. Tornei-me obreiro e, pouco tempo depois, veio a oportunidade de me tornar pastor. E assim se deu o início da minha caminhada ministerial. Nessa instituição religiosa, na qual iniciei minha caminhada, permaneci por oito anos, até o momento em que, direcionado por Deus e entendendo que a vida é feita de ciclos, iniciamos uma nova fase em nossas vidas. Fechei o ciclo nessa instituição, à qual sou grato por todo o tempo em que estive lá; foi um tempo de aprendizado.

Fundamos a Igreja Evangélica a Fé que Vence o Mundo. O nome da nossa instituição foi inspirado no versículo bíblico que está escrito em 1 João 5:4, em que é dito: "Porque todo que é nascido de Deus vence o mundo; e esta é a vitória que vence o mundo, a nossa fé". Entendendo que as atividades sociais devem andar de mãos dadas com as atividades religiosas, fé e obras, fundamentados na palavra que está escrita na Bíblia, no livro de Tiago 2:17, que diz: "Assim também a fé, se não tiver obras, por si só está morta". Batizamos as nossas atividades sociais, que já vinham sendo desenvolvidas há oito anos, de Projeto Quero Almas, o qual, no ano de 2022, nos possibilitou, além de ajudar pessoas carentes no Brasil com a palavra do evangelho de Cristo, também a oportunidade de ajudar algumas aldeias em Moçambique/África. Esse projeto, Quero Almas, é de evangelização e ação nas ruas mais carentes das cidades, por meio do qual conseguimos conhecer pessoas com muitos problemas semelhantes aos que eu tinha. Nós atendemos, levamos para a igreja e direcionamos as pessoas para uma nova vida. Esse projeto está no Brasil e em Moçambique.

Minha esposa desenvolveu um papel fundamental nesse novo ciclo, abraçando e apoiando esse novo projeto que iniciamos do zero, mas sempre acreditando que era possível tornar o nosso sonho realidade. Na verdade, desde que iniciamos uma vida juntos, ela tem sido a minha companheira e a minha maior incentivadora, sonhando comigo e caminhando na mesma direção. Na Bíblia, em Marcos 10:8 é dito: "[...] com sua mulher, serão os dois uma só carne. De modo que já não sois dois, mas uma só carne". Por isso, entendo que para um casamento ser preservado e prosperar, é necessário que o propósito dos dois seja alinhado, ou seja, que busquem caminhar na mesma direção. Juntos conseguimos formar o que há de mais precioso neste mundo: a nossa família.

Hoje, observando minha trajetória, consigo entender que meu processo se deu, primeiramente, me refugiando na presença de Deus. Comecei a ser direcionado e a dar passos na direção correta, além de realmente entender que de fato eu necessitava de ajuda e que, sozinho, eu não teria capacidade de conseguir.

Minha caminhada de transformação iniciou quando eu mudei de ambiente e comecei a me associar a novas pessoas, que viviam uma realidade que eu queria viver. Comecei a praticar atividade física, aprofundar-me no conhecimento da palavra de Deus, e busquei conhecimento e mentores que poderiam me ajudar nessa trajetória. Comecei a entender as minhas emoções, meus bloqueios emocionais, então passei a estudar sobre inteligência emocional, PNL, mentorias sobre desenvolvimento humano, processo de ***coaching***, entre outros.

Hoje eu descobri a minha identidade e encontrei o meu propósito, meu verdadeiro chamado: a pregação do evangelho de Cristo. Tenho utilizado toda a experiência e o conhecimento que adquiri ao longo desses anos para inspirar pessoas e transformar vidas. Dedico a minha jornada a levar essas pessoas a viverem uma nova vida e traçar uma nova trajetória. Para que, assim como eu, elas entendam que há um caminho para superação. A palavra de Deus, no livro de Jó 14:7, diz: "[...] porque há esperança para a árvore, pois mesmo cortada, ainda se renovará e não cessarão os seus rebentos", e é essa mensagem que levo para essas pessoas, que o ponto final pode se tornar um ponto de segmento e que há sim a possibilidade de viver uma nova vida.

Atualmente, na cidade de onde saí envergonhado e desacreditado, retorno pregando o evangelho de Cristo, ajudando a restaurar casamentos, ajudando as pessoas a se libertarem de vícios e desenvolvendo projetos para transformar a vida das pessoas. Quando vejo minha trajetória, lembro-me de um versículo bíblico que está no livro de Romanos 5:20, que diz: "[...] mas onde abundou o pecado, superabundou a graça". Nesta minha nova caminhada, ajudei um jovem que, por consequência da depressão, havia retirado seu órgão genital, ele tinha uma depressão profunda. Ajudei um senhor, que morava há dois anos em um cemitério e tinha fobia social, a se reinserir na sociedade, depois o casamos. Ajudei uma jovem que há cinco anos vivia com depressão dentro de um quarto. Com a experiência que desenvolvi e o conhecimento que busquei ao longo desses anos, venho ajudando diversas pessoas com o mesmo problema que eu tinha. Para mim, minha maior conquista foi poder ajudar minha esposa. No início do nosso namoro, ela sofria de depressão profunda e ansiedade há mais de dez anos, e havia tentado cometer suicídio inúmeras vezes. Juntos enfrentamos essa situação e vencemos.

Hoje vivo feliz com minha família, encontrei meu propósito de vida, tenho vocação no que faço. Entendo a importância da família e de criar filhos emocionalmente estáveis, por isso eu me empenho em desenvolver um bom relacionamento com minha família, oriento e ensino princípios e valores aos meus filhos, dedico tempo de qualidade para eles, para que eles entendam que a realidade que eu vivi é totalmente diferente da realidade que eles podem construir e viver no futuro. A Bíblia Sagrada, no livro de Provérbios 22:6, diz: "Ensina a criança no caminho em que deve andar, e, ainda quando for velho, não se desviará dele". Partindo desse ensinamento bíblico, compreendo também que, se desenvolvermos nosso papel de pais com qualidade e responsabilidade, que se as crianças são criadas em um ambiente acolhedor e com amor, elas têm mais chances de se tornarem adultos felizes, confiantes e bem ajustados, entendendo qual é sua real identidade. Assim entendo que contribuímos para uma geração futura, de pessoas resilientes, empáticas e que têm amor e compaixão pelo próximo.

Acredito que na vida estamos em um constante aprendizado, que passamos por situações boas e ruins, mas que, se tivermos fé, resiliência e perseverança, poderemos chegar a lugares inimagináveis.

> INDEPENDENTEMENTE DA SUA TRAJETÓRIA, HÁ POSSIBILIDADE DE MUDAR A DIREÇÃO DA SUA VIDA E ESCREVER UMA NOVA HISTÓRIA.
>
> PR. NETO

PRISCILA BELLIZZI

Sou Priscila Bellizzi, carioca e tenho 42 anos. Amo minha família, pipoca doce e o Rio de Janeiro. Entusiasta da evolução humana, busco propor soluções para dores de grupos em vulnerabilidade. A convite da Universidade Mackenzie/Rio, em 2016 realizei palestra para formandos, que virou o livro *Me formei, e agora?* Ministro cursos e projetos ligados ao reconhecimento da energia feminina como propagadora e realizadora de grandes transformações. Sobre minha formação: sou graduada em Comunicação Social, pós-graduada em Marketing, Neurociência Pedagógica e tenho especialização em Programação Neurolinguística. Em 2013, concluí a formação em *Coaching*, tornei-me membra da Sociedade Brasileira de Coaching em São Paulo e analista de perfil comportamental. Minha especialidade é ressignificar histórias.

Já quero saber a sua história. Compartilhe comigo!

liderancafeminina
experienciasqueconectam.rio@gmail.com
Priscila Bellizzi

Scan me!

24

RODOVIA BR 116, KM 12, RECALCULANDO...

POR PRISCILA BELLIZZI

Sabe quando o GPS perde o sinal e começa a recalcular a rota? Assim aconteceu no domingo chuvoso do dia 10 de março de 2024, quando me percebi dentro de uma relação abusiva pela segunda vez. O que fazer? Desistir de reagir e deixar as curvas da estrada o conduzirem, ou pisar firme no acelerador até transbordar todo o seu amor-próprio e mudar o rumo? Deixada no meio da estrada, na divisa entre os estados de São Paulo e Rio de Janeiro (salve a pequena distância entre as cidades, pois poderia ter sido entre Europa e Brasil, uma vez que nessa relação nossa morada era o mundo), com entorse de tornozelo e o próprio carro sem condutor, porque este pulou fora ao perceber que a velocidade dele era incompatível com a minha. Quando assumimos o rumo da nossa vida, vivenciamos a plenitude e o respeito a nós mesmos e ao próximo. Essa liberdade nos torna indissociáveis de nossos valores, e é isso que nos salva da toxicidade do mundo. A mulher é uma líder nata. Já observou a quantidade de atividades que sua mãe assumiu quando fez a opção de o presentear com a vida? E ao que ela renunciou? Gerencia as atividades dentro do tempo, atenta à sua fala e às necessidades em geral. Ter essa consciência é entender a importância de conexões na sua vida, fortalecer-se, percebe? Meu trabalho de despertar da consciência feminina iniciou com o perfil no Instagram @liderancafeminina, em 9 de julho de 2015, devido à contratação dos meus serviços de ***coaching*** por diretoras de um grupo norte-americano, líder de cosméticos, predominantemente feminino, em referência a essas mulheres, o meu id surgiu como "Liderança feminina". Devido a alguns comentários, eu me questionei: "Por que esse nome incomoda tanta gente?"; "Por que você não muda o id do perfil e coloca seu próprio nome?"; "Liderança feminina? Deve ser militante, quer mandar", esses foram alguns questionamentos.

Nesse último relacionamento, irritado ao ouvir a própria tagarelice mental, ele me chamava de "liderança feminina". Se queria controlar as minhas ações, era "liderança de merda". Vamos tipificar o crime por degradar a reputação de uma mulher, violência psicológica contra a mulher, artigo 147-B, o que diz este artigo? Causar dano emocional à mulher que a prejudique e perturbe seu pleno desenvolvimento ou que vise a degradar ou a controlar suas ações, comportamentos, crenças e decisões, mediante ameaça, constrangimento, humilhação, manipulação, isolamento, chantagem, ridicularização, limitação do direito de ir e vir ou qualquer outro meio que cause prejuízo à sua saúde psicológica e autodeterminação (Incluído pela Lei n. 14.188 de 2021). "Liderança feminina", duas palavras femininas, fortes, que assustam. Mas qual a razão? Refletiremos sobre comportamento: a mulher sempre valorizou o homem, alimentando o sonho de casar-se (costuma se apresentar como esposa do..., mãe da...) e o desejo de que este seja o líder da casa ao lado dela. O homem, diante dessa genuína entrega não acredita na facilidade de conviver com a mulher ao seu lado, logo, cria distorções do amor (ciúmes, competições, opressões, chantagens etc.) e fica escandalizado quando a sua ou qualquer mulher se intitula de liderança feminina, quando na verdade, ela é a líder, por ser seu par: a conexão inicial no sentido gerador da vida. Homens, não escondam o amor por suas mulheres.

Sabe o resultado? Perda. Uma mulher não blefa, ela entrega tudo. E você, liderança feminina, já se superou muitas vezes até chegar a essas linhas aqui. Aperte os cintos e ponha o pé no acelerador, bora voar! Foram três transições de carreira, duas empresas, muitas conexões e realizações, precisamos conectar para somar e compartilhar para multiplicar. Minha vida profissional começou no comércio, aos 18 anos. Minha educação segue a direção: se você quer, vá lá e realize! A graduação é igual a um passaporte para o mercado de trabalho. Atenta às interações sociais, cheguei ao tema do Trabalho de Conclusão de Curso (TCC): ***A convergência dos meios de comunicação em um único ambiente digital***. Apresentei esse tema ao orientador nos anos de 1998/1999 (a internet era por acesso discado e lento). Meu orientador, então, adverte: "Você terá muita dificuldade de achar informações sobre esse tema aqui no Brasil, talvez em alguma bibliografia estrangeira". E complementou: "Mas, Priscila, você sabe que o TCC é a prova de algo?". "Sei, sim".

"E o que você quer provar?". "Eu: quero provar como as relações, hoje, já estão mudadas. Penso que, em pouco tempo, estaremos inseridos no ***on-line***". "Priscila, como isso? Teremos um chip no dedo?". "Não sei". "Priscila, prove isso".

Validado o tema, aumentei a participação no digital. Achei uma vaga para trainee. Chega o dia de provar para a banca pela manhã e à tarde voei para iniciar minha trajetória profissional em SP, como ***trainee*** do antigo Unibanco. Início do treinamento na Universidade de São Paulo (USP) e depois assumi o primeiro desafio: gerente no Rio de Janeiro; viajei pelo Brasil (SP, POA, MG, MS, PR) para treinar equipes comerciais na mudança de cultura; gerenciei ativos; fui ***interface*** entre agências (RJ) e a mesa de crédito (SP). Foi uma estrada livre de barricadas? Não, tive que me superar muitas vezes em um mercado com a predominância masculina, eu era jovem, simpática, mulher, no primeiro emprego. Oito anos e meio nessa estrada, veio a fusão, sobreposição de funções, fui desligada. Segui com o sonho de ser entusiasta da evolução humana. Em 2013, malas prontas, voei para São Paulo, voltei coach. Três anos dedicados ao atendimento de ***coachees***. Em 2015, um ***coworking*** abriu a porta e acolheu-me como parceira, cedendo-me o escritório para atendimento a clientes: uma forte e recíproca conexão. Anos se passaram e o gestor da operação nos fez a proposta de compra do espaço. Eu e meu companheiro na ocasião aceitamos. Eu me superei nesse investimento: ele e a filha dele (que passou a ser minha também) vieram morar comigo, compramos a empresa e coloquei meus pais como fiadores da operação. Quatro anos depois, veio a pandemia, quando dei fim à relação. As chantagens começaram, não sossegou enquanto não me tirou todas as possibilidades de trabalho. Eu tinha um site pessoal, ele o tirou do ar. Sem referências profissionais, precisava achar algo que me tirasse desse limbo emocional.

Comecei a estudar Mandarim, dedicava três horas do dia ao estudo. Apesar da distração mental, sentia meu corpo parado. Em 2021, eu me encantei com a prática do golfe. Um esporte tão elitizado e predominantemente masculino, de onde a Priscila tirou isso? Fôlego para continuar nessa estrada, o princípio da superação é a curiosidade, essa me levou ao campo de golfe. Minha boia para sair do naufrágio emocional: o golfe, com o ***coach*** Alexsander. Seis meses de treino com o Alex e minha parceira de golfe Didi. Essa conexão me curou. Com a mente e o corpo fortalecidos, recebi convite de uma pessoa jurídica (PJ) de Ribeirão Preto, para abrir mercado desta no Rio de Janeiro. Um ano depois, realizei um grande evento no Rio no Clube da Aeronáutica, no Dia Nacional do Empreendedorismo Feminino, 19 de novembro: a maior conexão de pessoas e negócios do Rio de Janeiro, @rionetworkingexperience. E diante dessa realização a empresa que eu representava considerou que eu estava pronta para seguir sozinha.

Surge minha empresa @experienciasqueconectam, com metodologia própria de desenvolvimento de relações sólidas, baseada nos doze passos da abundância. Em dezembro de 2022, iniciei as atividades com o incentivo da liderança Leandra. A 01 do núcleo, Jessica Aguiar, abriu as portas da loja para inauguração desse novo ciclo. Empresa nova implantada, foco uma realização pessoal: casar-me. Quatro meses depois, conheci o brasileiro, filho de italianos. Em poucos dias organizamos jantar de noivado com minha família no Rio de Janeiro, moramos um mês em São Paulo, cinco meses em Nice (Cote D'azur), viajamos pelas estradas do Norte da Itália para conhecer os parentes dele. Voltamos para o Brasil no final do ano, passamos o Natal com minha família no Rio de Janeiro. Em janeiro de 2024, oficializamos nossa união no cartório, com almoço para familiares no Copacabana Palace. Dei o meu 100%, mas para ele o meu 100% não era suficiente.

Comecei a ter um dia bom, outro ruim, com agressões psicológicas diversas, chantagens: falava que eu teria que optar pelo Instagram ou nosso casamento. Aos poucos parei de falar, fiquei disponível a ouvi-lo, estava obstinada no propósito de fazer dar certo. Em 10 de março, fui acordada com a pergunta: "Quem é Priscila Bellizzi?". E com base nesta, ele começou a se descompensar, gritar, a ponto de chamar atenção da vigilância do condomínio e vizinhos. Após esse evento, só nos restou seguir o rio. Nas curvas da estrada de Queluz, comentei: Você está acima de 80 km/h (velocidade máxima permitida). Ele: "Eu dirijo antes de você nascer. Vou parar o carro e você segue até sua casa. Vou embora". Nossa diferença de idade: 24 anos. Jamais pensei passar por isso, casada com um homem de terceira idade. Liguei 190, fiz a denúncia de agressão psicológica, após ele dirigir-se para a beira da estrada para pedir carona. Pouco depois, a viatura chega, o PM Jefferson nos conduziu à delegacia. Já era noite; saí com escolta do policial Wilson – que me ouviu com atenção, gratidão imensa a esse profissional – até o encontro com o taxista Rodolfo.

De posse da medida protetiva: a carta de alforria para resgatar a minha vida. Virei o foco para o que tem valor: família, saúde, conexão. Lembrei-me do curso de respiração que fiz em 2012 com o líder humanitário Sri Sri Ravi Shankar. Este tinha um módulo avançado, com a proposta de silêncio; senti que era o momento de atravessar essa estrada. Quatro dias se passaram: ressignifiquei a estrada. Vivi uma história de amor, porque só avançamos na trajetória de evolução humana, por Ele. Jamais abram mão de suas conexões. São essas pessoas que irão socorrer você na estrada. O amor divino não realiza mudança de domicílio, ele permanece ao seu lado, com tudo que lhe pertence. A qualquer chantagem, saia logo dessa relação tóxica antes de adoecer ou mesmo morrer. Se for difícil sair, permita-se pedir ajuda a alguém de confiança. **Vivona**, hoje compartilho esta mensagem: **ame e valorize a sua jornada**. Ela é única e nada nem ninguém substituirá o sabor de suas próprias realizações. Pronta(o) para ressignificar? Compartilhe comigo como foi a sua jornada: experienciasqueconectam.rio@gmail.com, as trinta primeiras pessoas serão selecionadas e iremos juntas(os) ressignificar a sua história. Agora, posso responder quem é Priscila Bellizzi: sou eu que vou ressignificar a sua história. ***Je suis la!***

> CONECTAR PARA SOMAR, COMPARTILHAR PARA MULTIPLICAR.
>
> PRISCILA BELLIZZI

RENATA ROCHA LOURES

Prazer! Eu me chamo Renata. Nasci, cresci e moro em Maringá, interior do Paraná, com meu esposo Gregório Nascimento e a Hannah, uma *biewer terrier*. Os filhos logo virão.

Desde 2012 atuo na área do treinamento físico, mudança de hábitos, estilo de vida e promoção da saúde. Já ajudei mais de 350 pessoas a serem ativas fisicamente, protagonistas no processo de gestão da própria saúde e a terem um corpo próspero por meio da atividade física. Também sou multiesportista, faixa preta de taekwondo, palestrante, empresária, curiosa e amante da natureza.

Acredito que o movimento físico seja uma grande alavanca para a superação de desafios, resolução de problemas e um canal para a conexão entre o corpo, a mente e o espírito, não só na minha vida, mas na vida de milhares de pessoas.

rerochaloures
rerochaloures
rerochaloures@gmail.com
+55 (44) 99945-9188

25

A SUPERPÍLULA QUE TRANSFORMA VIDAS

POR RENATA ROCHA LOURES

Esta história começa em 1989, aos meus dois anos de idade. Como tinha pouco tempo de vida, as memórias dessa época ficaram em meu subconsciente, sendo necessário pedir ajuda aos meus pais, Diderot e Bernadete Rocha Loures, e aos meus tios e padrinhos de batismo, Antônio e Ana Maria Trotta, para escrever o início deste capítulo. Por meio de relatos, consegui reviver uma situação que impactou fortemente minha vida, minha personalidade e minhas escolhas.

Era inverno. Minha família e eu tínhamos retornado da fazenda de familiares, quando comecei a ter febre e ficar sem apetite. O pediatra diagnosticou-me com amidalite e iniciei o tratamento com antibióticos. Depois de alguns dias, a febre persistia e eu me mantinha apenas sentada ou deitada, pois sentia dores nas pernas ao ficar em pé. Comecei a mancar e recusar a sair da cama. Diante disso, levaram-me ao pronto-socorro, onde o médico suspeitou de uma sinovite transitória de quadril. Fui internada.

Após realizar vários exames e ser consultada por alguns médicos, meus pais perceberam que ninguém sabia exatamente o que eu tinha e entraram em contato com meus padrinhos, ambos médicos e residentes em Curitiba, no Paraná. Após minha mãe relatar o problema, minha tia entrou em contato com o Dr. Vitor Palazzo, pediatra do Hospital Pequeno Príncipe. Ele afirmou que a conduta feita até então não estava correta e sugeriu minha transferência para a capital do estado.

Quando chegamos ao hospital, fui recebida pelo Dr. Vitor e pelo Dr. Luiz Antônio Cunha, referência em ortopedia infantil do mesmo hospital e que logo me diagnosticou com osteomielite em estado avançado. Uma grande inflamação e deterioração foi detectada na tíbia esquerda, um dos ossos da perna, causada por infecção bacteriana. Essa doença é considerada grave por conta do alto risco de septicemia, inflamação generalizada no corpo e outras complicações, como amputação, deformidade e subdesenvolvimento do membro. Fui encaminhada para cirurgia de emergência.

A operação foi um sucesso e agora iniciava o período mais delicado: a recuperação. Foram, aproximadamente, quarenta dias hospedados em Curitiba. O trabalho de fazer curativos, administrar os remédios e a alimentação era desafiador para as enfermeiras. Os relatores descreveram que eu fiquei muito irritada, brava e que era difícil tirar um sorriso de mim. Meu pai expôs que, devido às sondas que colocaram em meu corpo, tiveram que amarrar meus braços e pernas na cama para que eu não as arrancasse e que meu olhar era de raiva e indignação. Contudo, não tinha o que ele fazer e isso lhe causou sentimento de dor, culpa e impotência. Minha mãe foi quem mais esteve comigo, dando todo o suporte necessário.

Ao escrever estas linhas, percebo que, ao superar essa doença que quase me arrancou uma perna, estava destinada a enfrentar os desafios por meio do movimento físico. Essa clareza veio apenas com a maturidade, pois tive que resgatar minha criança para compreender a mulher que sou hoje e formar a minha identidade.

Hoje, com 37 anos, consigo perceber o impacto que essa doença causou em minha vida, na minha personalidade, na escolha profissional e em meu propósito. Consigo ver que, em todos os momentos difíceis, o exercício físico resgatou-me e impulsionou-me para frente. Além disso, o movimento era e é uma forma de expressar minhas ideias, meus sentimentos e minhas opiniões.

Sempre fui muito ativa e já pratiquei de tudo: natação, ginástica, hipismo, tênis, ***squash***, ***street dance***, futebol, vôlei, basquete, atletismo, handebol, ***ballet***, ciclismo e ***taekwondo***. Este último é o esporte a que mais me dediquei. Essa arte marcial coreana era usada para formar a tropa de elite dos guerreiros em combates corporais e significa "a arte de usar os pés e as mãos". Na luta eu me encontrei. Podia extravasar toda a raiva contida em mim, que talvez viesse daquela criança presa à cama.

A atividade física é uma poderosa pílula indicada para tudo. Para que seus benefícios possam ser experimentados, é necessário consumi-la diariamente. Além disso, o consumidor deve desenvolver algumas virtudes durante o processo, como a paciência, a persistência, a disciplina e o comprometimento. Esses novos valores conquistados, somados ao ganho de força, equilíbrio, resistência, flexibilidade, entre outras capacidades físicas, promove ao praticante a superação de pequenos desafios, como o cansaço, a preguiça, a agenda apertada, o desânimo e a conciliação com outros afazeres. Ao transpor essas barreiras, ocorre o aumento da autoconfiança, da autoestima e do bem-estar automaticamente.

Chegamos a um ponto do texto em que vale a pena ser mais técnica e salientar que todo exercício físico é uma atividade física, mas nem toda atividade física é um exercício físico. Explico melhor. Exercício físico é todo movimento planejado, estruturado, progressivo e regular. Já a atividade física é todo movimento que o(a) tira do repouso, ou seja, da posição deitada ou sentada.

Durante nossa semana, devemos reservar momentos para nos exercitarmos e nos mantermos ativos o máximo possível, já que o estilo de vida atual estimula o comportamento sedentário, conhecido também como inatividade física. A Organização Mundial da Saúde (OMS)[1] considera uma pessoa ativa aquela que dá mais de sete mil passos por dia e realiza no mínimo cento e cinquenta minutos de exercícios semanais. Isso contribui para diminuir drasticamente as chances de mortalidade por todas as causas e promove saúde mental e física.

A educação física entrou em minha vida após eu cursar dois anos de Arquitetura e Urbanismo e acredito que foi ela quem me escolheu. Durante a graduação, percebi que, mesmo sendo muito ativa e dominando várias habilidades corporais, não sabia, não gostava e nem conseguia correr.

A corrida é uma prática corporal inerente ao ser humano. Você já ensinou alguma criança a correr? Não, né? Já nascemos com essa aptidão, mas, infelizmente, ao longo do tempo, vamos perdendo essa habilidade porque deixamos de estimulá-la. Faz mais de quinze anos que corro. Essa modalidade é minha terapia, umas das minhas estratégias para superar desafios, uma forma de celebrar a vida e de agradecer as pernas que tenho.

Um dos momentos da minha vida em que a corrida teve papel fundamental foi durante o processo de divórcio que vivi em 2014. Correr ajudou-me a romper com aquela relação, viver o luto e me reerguer, pois nela encontrei um momento para reorganizar os pensamentos, ressignificar momentos, dissipar sentimentos e cuidar de mim.

[1] CAMARGO, Edina Maria de; AÑEZ, Ciro Romelio Rodriguez. **Diretrizes da OMS para atividade física e comportamento sedentário**: num piscar de olhos. [S.l.]: [s.n.], 2020. (Edição original: WHO Guidelines on Physical Activity and Sedentary Behavior: at a glance. Genebra: Organização Mundial da Saúde, [2020]).

Praticar atividades físicas regularmente têm esse poder de nos ajudar a transpor obstáculos, pois para realizá-lo é necessário sair da inércia, afastar-se da zona de conforto e fazer uma ação para além daquela rotineira, do dia a dia, ou seja, é preciso efetuar uma **superação**. Levantar pesos, ultrapassar limites físicos, suportar dores e transpirar proporciona a lapidação do corpo, nossa armadura, o desenvolvimento de habilidades, a modelagem do caráter, o aprimoramento de virtudes e nos capacita para viver mais e melhor.

Do ponto de vista fisiológico, o exercício físico fortalece os músculos, oxigena o cérebro, higieniza tubos, limpa nossos órgãos, potencializa funções, lubrifica articulações, alonga o corpo, revigora a energia e estimula o coração. Sempre digo aos meus clientes que não é necessário ter energia para treinar, mas que devemos treinar para ter energia. Independentemente da situação em que o indivíduo se encontra, será indispensável o uso de energia para superar determinada circunstância, seja energia física, financeira, mental ou até mesmo espiritual.

Atuo na área de treinamento há mais de doze anos e percebo que a maioria das limitações humanas não está no físico, mas sim na mente. Essas fraquezas são conhecidas como medo, frustração, baixa autoestima, falta de clareza, distorção da realidade e ausência de uma identidade, de uma capacidade e de um propósito. Percebi isso, de forma mais nítida, quando consegui concluir uma maratona no dia 7 de abril de 2024. Decidi correr quarenta e dois quilômetros por quatro motivos: primeiro, porque estava desmotivada para treinar e precisava de um objetivo claro e desafiador para que o treinamento fizesse sentido; segundo, pelo âmbito profissional, pois era um assunto que não dominava tecnicamente; terceiro, pelo fato de ter feito a maratona pela metade, pois já tinha corrido algumas meias maratonas e não gosto de fazer nada pela metade; e, por último, para inspirar outras pessoas a ultrapassarem suas barreiras e a quebrarem seus próprios limites.

Após concluir esse desafio, eu me fiz outro, o de realizar barra fixa. Um exercício que consiste em você se pendurar e se erguer apenas com os braços, até que a cabeça ultrapasse a barra em que você está segurando. A impressão que tenho é que vai ser mais difícil do que correr a clássica prova de atletismo, pois exige o desenvolvimento de força, uma capacidade física que demanda mais tempo, métodos, técnicas e acessórios para evoluir, se comparada ao aumento da resistência cardiorrespiratória da corrida.

Agora, quero fazer algumas perguntas para você, leitor(a): o que você pode fazer hoje, com as condições que tem, para ser mais ativo(a) fisicamente? Se você tivesse mais saúde, sua vida seria diferente? O que você quer fazer, onde você quer estar e como quer se ver daqui cinco anos? Experimente se movimentar mais e melhor. Como já dizia Friedrich Nietzsche: "Todos os pensamentos verdadeiramente grandes são concebidos durante uma caminhada".[2]

[2] PERCY, Allan. **Nietzsche para estressados**. Trad. Rodrigo Peixoto. Rio de Janeiro: Sextante, 2011.

> “MOVIMENTO-ME E PENSO, LOGO EXISTO.”
>
> RENATA ROCHA LOURES

ROSÁRIA MENDES & MARTINS

Sou Rosária, natural de Cachoeira/BA e moro em São Caetano do Sul/SP. Filha de nordestinos, José Martins e Ana Mendes. Tenho cinco irmãos e sou a única mulher. Órfã de mãe, aos seis anos, essa foi a primeira superação. Contei com uma família afetiva, de valores e princípios únicos. Sou mãe de Carolina e Dani. Avó de Rafaela, meu docinho. Com formação em Letras e Pedagogia, trabalhei, por 34 anos, no ensino público e privado. Aposentei-me e, há vinte anos, sou revisora de texto e escrevo por vocação e dom. Amo dança de salão e sou modelo sênior. Carolina nasceu com transtorno de cognição grave e trago a minha história para outras mães atípicas conhecerem como foi seguir rumo à superação.

rosariamariam
rosariamariam@hotmail.com
+55 (11) 96414-0154

26

A MÃE ATÍPICA RUMO À TRAJETÓRIA DA SUPERAÇÃO

POR ROSÁRIA MENDES & MARTINS

Em meio ao movimento da vida, o inesperado pode chegar e fazer as mais variadas surpresas. Em particular, ter um filho com transtorno de cognição grave, assim como de outras ordens, exige cuidados específicos, atenção e recursos urgentes, além de percepção e habilidades inimagináveis. A inclusão, tão politicamente enaltecida, está longe de acontecer. Não há profissionais preparados nas escolas e a família é, normalmente, a primeira a ser chamada para atender a essas necessidades. E é nesse viés que pousa o problema. Como lidar com a pessoa que tem transtorno cognitivo na sua condução familiar e socioeducacional se, no próprio seio familiar, a disposição das pessoas responsáveis, que deixo de citar por respeito próprio, podem ser falhas e/ou inexistentes?

O CENÁRIO

A história tem início em Euclides da Cunha/SP. Casada, grávida de uma criança planejada e esperada, em um lugar sem recursos básicos de saúde e, em meio à lentidão sombria e noturna, a bolsa rompeu-se, no início do oitavo mês. A experiência materna estava só começando. Do sonho adolescente, queria ter uma filha que se chamaria Carolina. E tive. As famílias de ambos os lados vibraram, mesmo com todos os medos que permeiam a vida de um bebê prematuro. Recebi alta hospitalar e a criança permaneceu, por dezessete dias, na incubadeira. Não houve foto, por pensar que ela não sobreviveria. No momento, ela está com 49 anos.

Apesar da dificuldade visual e motora, a acuidade auditiva é um fenômeno e a música faz-se vital para ela. Bem seletiva, ouve Gal, Caetano, Zizi Possi, Pedro Camargo, Elis, Tim Maia, Djavan, Emílio Santiago, Alcione, Diogo Nogueira, Zeca Pagodinho, Paralamas, Skank e muitos cantores internacionais, como Luis Miguel, Cristina Aguillera, Elton John, Glória Gaynor, Eric Clapton, Lionel Richie, entre outros. Foi ótimo Carolina gostar de música, de sair de casa, passear e conviver com pessoas. O que é gasto em lazer para alguns pode parecer um luxo. Para mim, é qualidade de vida com ela e não abro mão. Cada um sabe como tirar a sua dor. Essa foi a fórmula que encontrei e sou privilegiada por ter familiares que me apoiaram e apoiam, sem crítica, mas com a compreensão dessa necessidade particular. Aqui, estou falando da irmã, cunhado, tios e primos.

OS PRIMEIROS MESES E AS VISITAS À PEDIATRA

Nos primeiros meses, os dias eram regados a muita insegurança, medo, desespero e dor. E havia uma solidão materna sem respostas a tantas perguntas que, hoje, nem faço. O que importa é ela estar feliz. E está. Existem experiências que, agora, passo a descrever, com a finalidade de auxiliar a tantas mães atípicas e sem direção. Há um temor e um tempo diferenciado, que se alonga, e cada hora parece se eternizar.

AS VISITAS À PEDIATRA

Nas constantes consultas à pediatra, ela via a criança ganhar peso, e fatores como não firmar o tronco, não segurar alimento, mesmo com 5 meses, pareciam ignorados. Os meses foram se passando e eu me lembro de andar com a criança coberta, para evitar perguntas inoportunas, como: "Nossa, tem dois meses e tão pequena? Será que vai vingar? Tive um parente que nasceu assim e não sobreviveu...". Coitadinha! Parecia um inquérito... E, muitas vezes, as pessoas só faziam por curiosidade e ignorância. A introdução alimentar foi bem difícil, mas consegui a partir do sexto mês. Foi um avanço.

Aos 8 meses, ainda sem engatinhar, ela começou a falar e entoava um "Parabéns a você" quase inteiro. Com um ano de idade, teve uma convulsão e, de lá para frente, houve um consenso familiar, mesmo em negação, em "aceitar" que havia um problema a ser tratado. Com 5 anos, usava um tampão no olho e botas ortopédicas, muito em moda nos anos 1970. Conforme os problemas neurológicos e comportamentais acentuavam-se, para que serviriam aquele tampão e aquelas botas? O que significavam? Naquele momento, havia muitas questões para as quais a minha ignorância me fortalecia e protegia. E todo mundo querendo respostas, diagnósticos. E acertos, óbvio. Nossa, como ela era bonita! Aí, o dó só aumentava... Há 49 anos, a saga continua incessante e as perguntas sobre o que ela tem, como foi que nasceu, será que não teria cura, nasceu assim, ou adquiriu? E por fim, a tão comum frase: "Tão bonita, que dó... Judiação...". E a dúvida cozinhava o cérebro de todos ao se perguntarem sobre o futuro. Como seria? Mas eu não sabia nem do presente. Eu me sentia a derrotada.

SER MÃE ATÍPICA E PROFISSIONAL

A fase escolar foi muito difícil de suportar. O ano era 1980, ingressei no magistério estadual como professora de Língua Portuguesa. Morava em São Paulo, na Bela Vista, e trabalhava em Itaquera. Com o tempo, consegui ser comissionada na Secretaria da Educação. Quando eu me apresentei e disse que tinha uma filha que necessitava da minha presença, porque ela convulsionava, a resposta veio cruel: "Olhe, quero alguém que resolva os problemas da seção, não que traga problemas". Engoli seco. E, nessa época, eu não engolia quase nada... Foi difícil. No entanto, encontrei pessoas que viram que eu queria trabalhar, apesar de ter uma criança atípica. Também tive outras chefias, que só me incentivaram e foram empáticas, generosas e benevolentes comigo. Posso citar Dalila Silva e Maria Auxiliadora Galhano.

O tempo passou. E depois de uma sequência de cinco abortos naturais, tive a minha segunda filha.

A SEGUNDA FILHA

Agora, com uma experiência contrária, a vida me trouxe um bebê dentro da normalidade. Ela se chama Daniela, hoje é enfermeira de formação, pela Universidade Federal de Mato Grosso (UFMT), médica de atuação, pela Universidade Metropolitana de Santos e especialista em Medicina da Família e Comunidade. É o meu presente anunciado, visto que, na ocasião do meu quarto aborto, tive um sonho revelador, em que fui acolhida por muitas mulheres, que me consolavam pela minha perda, e uma delas disse que eu teria um bebê saudável na minha sétima gestação, que seria quem me levantaria de tantas perdas. Mas o destino fez-me passar pelo quinto aborto, sem perguntar se eu aguentaria. Muitos, na intenção de ajudar – e eu entendo que era isso mesmo – questionavam: "Chega, não dá, pare! Já tem uma criança com problema, não tem medo de vir outra? Não seria aconselhável abortar?". Enfim, coragem para tudo foi necessário.

Agradeci cada momento de evolução da Dani, principalmente na fase escolar. Foi fácil a matrícula em entidades renomadas, como Colégio Rio Branco, em São Paulo, tradicional e cheio de exigências. Os professores aplaudiam, a família orgulhava-se, eu não me poupava para trabalhar, em três períodos, e custear, com prazer, um direcionamento adequado aos seus desejos, dons e, assim, aprimorar o que já era bom.

Com Carol, enfrentei muita escola particular, com rejeições justificadas assim: "Olhe, mãe, não é pelas crianças; a questão são os pais que não aceitam misturar seus filhos com crianças com problema". Detalhe: sou educadora, trabalhei 34 anos no ensino público e privado; de creche a Ensino Fundamental. Pode imaginar eu ouvindo isso de colegas? Foi então que a Escola São Marcos Junior, em Higienópolis/SP, aceitou Carolina com as suas dificuldades, evidenciando as questões neurológicas, para que pudesse frequentar a escola com a irmã, Dani.

Nesse momento, eu queria, somente, que ela tivesse sociabilidade e convivesse com a irmã nas etapas da vida. Eu acreditava, intuitivamente, que isso mudaria tudo. Fiquei muito surpresa ao ver Carolina em apresentações de dança, coreografando, mesmo em espelho. Por exemplo, quando todos levantavam o braço direito, ela levantava o esquerdo. E tudo bem. Foi um acerto, que culminou na relação de amor e afeto que elas mantêm até hoje. Isso é a paz materna.

Carolina, na adolescência, teve seu primeiro surto psicótico, com alucinações auditivas e visuais, passou sete dias sem dormir, desconhecendo tudo que a rodeava. Exemplo: pedia para ela pegar uma roupa, pegava algo na geladeira; via uma mulher de branco no canto do quarto e conversava com ela, dizia que era a minha mãe, Ana. Não havia a menor condição de sobreviver a tanta disfunção sem os cuidados médicos. Aproveito para citar a assistência do psiquiatra Wimer Bottura e do neurologista Rubens Gagliardi, que me deram direção e acolhimento para me manter equilibrada, apesar de tudo.

Também fui socorrida, espiritualmente, por pessoas que tinham outras explicações para o caso. Meu irmão, Pi, abraçou esse momento comigo. Nessa hora, você vai ao inferno e volta, muitas vezes, até achar o caminho da calmaria, para que possa harmonizar sua vida, trabalho e seguir em frente. Aprendi que tinha que me cuidar, ter vida própria e momentos de alegria e amor, por entender que a minha força não poderia morrer. Afinal, eu era essa força.

MOMENTO CRÍTICO

Passei por duas cirurgias renais e a perda de um rim. Houve quem apostou na minha morte. Foram 45 dias de internação. Superar a ausência de Carolina, com 11 anos; Dani, com 3 anos, e outras situações indignas, enquanto mulher, foi muito ruim. Logo depois, eu escolhi me separar, algo necessário e libertador. Afinal, eu tinha trabalho e coragem para criar as minhas filhas sozinha.

O RESULTADO COMO INSPIRAÇÃO

Sempre contei e, hoje, mais ainda, desfruto do apoio da minha filha, Dani; do meu genro, José Tanajura; dos dois médicos e de próximos. Ter uma filha atípica trouxe-me experiências para rever conceitos que nos são impostos como verdade absoluta. E não são. Por ser um relato real, espero que outras mães reflitam e entendam que o amor rege nossas escolhas e traça a nossa história de vida. Seguir minha intuição e me desvencilhar de alguns conceitos e relações e manter os amigos deu-me paz e condições para seguir rumo ao que eu mesma desconhecia. Escolher é perder. Mas nem toda perda é prejuízo.

Ver a Carolina, aos 49 anos, acima do que os estudos incertos esperavam, diz que eu acertei. E entender suas particularidades e necessidades foi o caminho que me proporcionou forte alicerce e ganhos inimagináveis. Seguimos.

> SUPERAR NÃO É ESQUECER. É TER MATURIDADE E COMPREENDER QUE A CAMINHADA PODE SER MELHOR, SE TIVER, COMO ALICERCE, AMOR E CORAGEM.
>
> ROSÁRIA MENDES & MARTINS

SAMIZA SOARES

Sou Samiza Soares, psicanalista, palestrante e colunista de Manaus/AM, dedicada ao bem-estar emocional e ao autoconhecimento. Referência no atendimento terapêutico *on-line* e presencial, acúmulo pacientes em todo o Brasil e no exterior. Formada em psicanálise e hipnoterapia clínica, atuo em consultórios, plantões emergenciais e *on-line*, adaptando-me a diversas situações clínicas. Com mais de cinquenta mil seguidores em minhas redes sociais (@samiza), compartilho diariamente *insights* sobre os benefícios da terapia. Meu objetivo vai além do consultório, busco ser uma voz de acolhimento, luz e coragem, guiando outros na jornada de autodescoberta e crescimento pessoal. Vamos caminhar juntos?

samiza
samizasoaresterapeuta
samizasoares@gmail.com
+55 (92) 99237-1973

27

O OLHAR DO CORAÇÃO NA JORNADA DA SUPERAÇÃO

POR SAMIZA SOARES

Este capítulo é um abraço acolhedor para o coração que enfrenta desafios e busca transformação.

O coração humano é um reservatório de amor, sabedoria e força. Quando nos conectamos com o nosso coração, acessamos uma fonte inesgotável de recursos para enfrentar os desafios da vida. Este capítulo o guiará para se reconectar com o seu coração e confiar na sua intuição.

Como terapeuta, vi muitas histórias inspiradoras de superação. Este capítulo convida você a uma jornada interior, guiada pelo amor em seu coração. Aqui, encontrará palavras de apoio, incentivo e sabedoria para ajudá-lo em sua própria jornada de superação.

Se você está segurando este livro, é porque provavelmente está passando por uma situação difícil que machuca sua alma. Pode ser um término de relacionamento, a perda de alguém querido ou outro evento doloroso que deixou suas emoções abaladas. É normal sentir-se perdido e desesperado depois disso. Você não está sozinho nessa jornada, todos enfrentamos desafios, e é difícil ver uma saída quando estamos na escuridão. Infelizmente, passar por um trauma é algo comum que trabalhamos em meu consultório. Mas há esperança e caminhos para superar essa dor, embora cada pessoa reaja de maneira diferente e o tempo de recuperação seja pessoal. Com apoio adequado, é possível se recuperar.

Em ***O olhar do coração na jornada da superação***, mergulharemos em uma jornada íntima e profundamente humana, na qual o amor e a aceitação se entrelaçam na busca pela superação. No caminho da superação, é natural encontrar obstáculos. Estes podem ser internos (como medos e crenças limitantes) ou externos (como circunstâncias desafiadoras).

Para começar, um trauma emocional é como uma ferida dentro da gente, causada por situações tristes que aconteceram. Isso pode deixar a mente machucada por um tempo. Agora, pense em algo chamado gatilho emocional. Imagine que, em alguns dias da semana, você se sente ansioso ou com medo várias vezes. Se isso acontece muito, é bom pensar se tem algo que sempre acontece nessas horas e que pode estar causando esses sentimentos.

Vamos falar de um exemplo traumático: imagine um homem na praia com sua namorada, quando ela é baleada. Mais tarde, ele tem ataques de pânico ao ouvir sons altos. Seu cérebro associa esses sons ao trauma, desencadeando os ataques. É importante desfazer essa ligação e aprender a lidar com os gatilhos. Convido-o a enfrentar seus traumas para fortalecer-se. Continue lendo para superar o que o incomoda.

Precisamos enxergar a vida com os olhos do coração, pois os olhos do corpo enxergam só o superficial. Muitos de nós, com a correria do dia a dia, passamos nossa vida sem ter aprendido a enxergar de verdade, sem olhar para dentro de nós, sem ouvir as batidas do nosso coração. Pensamos ter visto o mundo, mas, na maioria das vezes, enxergamos apenas um retalho da realidade, apenas o que fomos ensinados a ver. Enxergar com os olhos do coração e da alma nada mais é que acordar a nossa sensibilidade. A magnitude da vida é do viver, e não só existir.

Como diz o Chapeleiro Maluco em ***Alice através do espelho*** (2016)[1], filme baseado no livro homônimo do escritor Lewis Carroll: "Eles enxergam a loucura em seu sorriso, mas não enxergam a tristeza em seus olhos. Abraça sua loucura, antes que a normalidade pegue você. Qualquer um pode viajar de trem ou a cavalo, mas a melhor forma de viajar é em um chapéu", frase muito cheia de sentido.

Para vermos o essencial, é preciso analisar cada sentimento, senti-lo e, acima de tudo, entender o que ele revela sobre nós. Como terapeuta, descobri que

[1] Informações sobre o filme disponíveis em: https://filmow.com/alice-atraves-do-espelho-t70532/ficha-tecnica/. Acesso em: 14 jun. 2024.

a maneira como abraçamos a vida molda nossas emoções e ações. É precioso explorar nossas convicções e enxergar além da superfície. Compartilhar nossos sentimentos é fundamental para curar feridas emocionais, enquanto nós nos abrimos para novas vivências e conexões. A verdadeira jornada de superação começa quando percebemos a vida com um olhar amoroso. Devemos aprender a ver com o coração, descobrindo significado em cada experiência vivida.

Para vislumbrar com clareza, nossos olhos físicos não bastam para discernir o propósito de nossa existência. Contemple com os sentimentos do coração; quando ele dançar em acordes acelerados e os olhos iluminarem-se, então saberá o que verdadeiramente o completa e lhe traz serenidade. Sentirá ressonâncias por todo o corpo, percebendo com os olhos da alma.

Em minha jornada como terapeuta, pude entender que o sofrimento psicológico faz parte da vida, e que a maioria das nossas dores está ligada à forma com que enxergamos a vida, as pessoas, nossos sentimentos, os acontecimentos e as experiências pelas quais passamos, isso tudo determina exatamente a maneira como nos sentimos e agimos e, por consequência, define o destino por nós criado.

Quando nossa visão é limitada, entramos em conflito interno. Precisamos repensar nossas crenças, enxergar além das ilusões e ver com o coração. Assim, podemos dar novo significado às situações e encontrar caminhos para superar as dores da alma, permitindo-nos renascer e ver uma nova vida a cada dia.

No consultório, incentivo muito o hábito de falar, pois é essencial para superar desafios. Além disso, podemos buscar novidades para superar obstáculos, como fazer novas amizades, por isso não se isole. Mesmo que seja difícil, sei que, principalmente na nossa idade, pode ser um desafio, mas, as relações humanas são importantes nesse processo. Experimente frequentar lugares diferentes, como aulas de idiomas, clubes de leitura ou fazer trabalho voluntário. Também é bom expressar suas emoções e buscar apoio de amigos, familiares e profissionais. Essas são maneiras de se conectar e se expressar de formas diferentes. Parte superior do formulário

Precisamos encontrar formas de expressar nossos sentimentos, o que não significa apenas chorar ou rir.

Mude sua trajetória para que você possa ganhar uma nova perspectiva sobre cada uma delas e, assim, enxergar pelos olhos do coração seu propósito entre o sofrimento e o amor, trazendo assim alegria para a sua vida.

A sensibilidade do coração é um grande tesouro descoberto e um instrumento poderoso na compreensão do mundo como um todo, principalmente a respeito das adversidades, das dores e dos sofrimentos, porquanto se entende que nada é por acaso.

Não podemos fugir do problema, temos que o enfrentar e o ressignificar, inclusive uma pequena tristeza precisa ser sentida, precisa ser "colocada para fora", pois o sentimento preso pode evoluir para a existência de um trauma.

A verdadeira compreensão vem do coração, permitindo-nos dar sentido às experiências, fortalecer conexões e encontrar plenitude. Esse é o olhar da alma, que nos guia em direção à felicidade. Todos podemos ver, mas apenas quem enxerga além das aparências pode transformar sua vida de dentro para fora.

Você já ouviu falar que a inteligência emocional pode ser a chave para abrir os caminhos rumo à superação? Pois é verdade. A habilidade de compreender e gerenciar nossas emoções pode realmente nos guiar na jornada para superar os desafios da vida.

Então, querido leitor, imagine a inteligência emocional como uma bússola interna, guiando-nos nas tempestades emocionais. Desenvolvê-la significa reconhecer, entender e lidar de forma saudável com nossos sentimentos. Ao cultivar essa habilidade, embarcamos numa jornada de autodescoberta e crescimento pessoal, aprendendo a responder e crescer com nossas emoções. Permita-se explorar esse caminho para a superação e descubra seu potencial para uma vida mais leve.

Neste parágrafo, vamos tentar ressignificar alguns momentos para você enxergar a vida com outros olhos. Inicie uma nova jornada, tudo começa com um passo, muitas vezes dado com lágrimas nos olhos e um coração cheio de dúvidas. Às vezes, a vida nos coloca diante de desafios que parecem maiores do que podemos suportar. Mas é importante lembrar que, mesmo nos momentos mais sombrios, há uma luz dentro de cada um de nós pronta para brilhar.

É importante encontrar significado nas dificuldades, mesmo quando não entendemos por que enfrentamos certos desafios. Cada obstáculo pode ser uma chance de crescimento e aprendizado, tornando-se um degrau na nossa evolução pessoal. Cultivar resiliência é fundamental, é a capacidade de se adaptar e superar adversidades, sabendo que cada queda nos torna mais fortes e determinados.

Veja o papel da espiritualidade com os olhos do coração: para muitos, a espiritualidade é uma fonte de conforto e orientação na jornada da superação. Busque a sua própria conexão espiritual, seja por meio da religião, da meditação ou de práticas que ressoem com a sua alma.

Celebre cada passo dado na direção da superação, não subestime o poder das pequenas vitórias, pois são elas que constroem o caminho para conquistas maiores.

Na jornada da superação, o coração renova-se. O que antes parecia um fardo transforma-se em uma fonte de força e inspiração. Permita-se ser transformado por suas experiências, pois é assim que o coração floresce em toda a sua plenitude.

Ao chegar no final desta jornada, espero que você veja a vida com um novo olhar, um olhar do coração. Que você enxergue a beleza nas adversidades e a força que reside em seu interior. Lembre-se sempre: você é capaz de superar qualquer desafio, pois dentro de você há uma luz que nunca se apaga.

Quero lhe sugerir ler novamente cada parágrafo com que você se identificou; leia com calma e sem pressa, refletindo em cada palavra. Em seguida, respire lentamente para pensar sobre a sua caminhada de vida.

Ao encerrar este capítulo, expresso minha sincera gratidão por sua presença até aqui. Ao continuar sua jornada sem pressa, permitirá que a clareza sobre sua vida se manifeste, encontrando oportunidades de superação e transformação em cada passo. Que cada desafio enfrentado se converta em aprendizado e renovação espiritual. Obrigada por compartilhar este momento de conexão e reflexão.

> ENXERGAR COM OS OLHOS DO CORAÇÃO GUIA-NOS PELA JORNADA DA SUPERAÇÃO, TRANSFORMANDO DOR EM APRENDIZADO E RENOVANDO A VIDA.
>
> SAMIZA SOARES

Crédito: Rebeca Cardoso.

SHIRLEY F. OLIVEIRA

Paz!

Eu me chamo Shirley Fabiana de Oliveira, tenho 43 anos e resido em Guarulhos/SP. Meus pais, Jorge e Maria, são o símbolo do meu amor. Vivo um relacionamento de dezessete anos com Francisco, pai do nosso querido filho Rikelme, o meu bem mais precioso. Minha vida é um relato de superação em todos os aspectos, sempre amparada pela graça divina. Junto a Francisco, gerencio uma rede de açougues: Varejão da Carne. Sou integrante da Igreja Somos Um em Cristo, na qual busco aprender mais sobre o Senhor diariamente. Espero que cada leitor possa encontrar uma conexão com Deus Pai e se inspirar nos exemplos de superação da Bíblia. Seja resiliente, não desista e não se confine às circunstâncias ou ao que é palpável, pois os desígnios de Deus superam os nossos. Creia!

shirleyfabby
shirleyemgratidao@hotmail.com

28

PROMESSAS NO DESERTO: A CAMINHO DA SUPERAÇÃO

POR SHIRLEY F. OLIVEIRA

No contexto espiritual, o deserto simboliza o período de provações em diferentes aspectos da vida. A travessia humana por esse caminho é árdua e desafiadora. O deserto, com seu solo arenoso, escassez de nutrientes e extremos climáticos, representa bem as lutas e dificuldades enfrentadas. Espiritualmente, é um tempo de solidão com Deus, em que muitos questionam Sua presença. É uma luta constante entre fé e razão em que, na busca por respostas, encontramos Deus, que nos orienta para a superação, sendo nosso oásis.

Superar é vencer barreiras, enfrentar desafios e avançar contra todas as adversidades. É prosseguir e crer que Deus mudará a situação, transformando o que parece ser o fim em um novo começo, uma nova etapa. Persistir mesmo quando o sinal indica parar.

A Bíblia relata vários casos de superação, como:

- **Davi (I Samuel 17)**: aqui temos a conhecida história do jovem pastor de ovelhas, o caçula de sua família, subestimado por muitos, em contraste com o gigante Golias, que inspirava medo e terror. Contudo, Davi superou seu medo, utilizou uma pedra e derrubou o gigante. Não foi pela força, mas pela estratégia. A fé não paralisou Davi diante de Golias. Não importa o tamanho do seu problema, com Deus Pai você irá superar a magnitude da luta e derrubará seu gigante em nome de Jesus.

- **Jó (Jó 1-42)**: um homem tido por Deus como irrepreensível, enfrentou provações quando o adversário lhe retirou tudo. Apesar de perder bens, filhos e saúde, Jó não renegou a Deus. Ele entendia que Deus é quem concede e retira, e superou suas adversidades. Seus amigos questionavam qual pecado ele teria cometido para sofrer tanto, mas Jó, mesmo em meio ao caos, intercedia por eles em oração. Deus, movido pela compaixão, curou Jó e restituiu-lhe em dobro o que havia perdido. A vida dos que confiam em Deus é assim: mesmo nas maiores perdas, não há fim ou fracasso, mas uma oportunidade para superação e restauração em dobro pela fé em Deus. A maior vitória surge quando menos se espera. Creia!

- **Jeremias (Jeremias 1:4-9)**: oriundo de um lar devotado a Deus, foi eleito pelo Senhor para ser um profeta. Ainda jovem e sentindo-se incapaz de responder ao chamado, Deus não via sua juventude e timidez como obstáculos. Jeremias viveu isoladamente, enfrentou prisões e ameaças, e estava angustiado com a tarefa de conduzir o povo ao arrependimento. Ridicularizado, ele venceu sua inexperiência e reserva, tornando-se o profeta das lamentações. Se você se vê incapaz de seguir adiante com seus projetos e objetivos, por se considerar jovem e sem experiência, lembre-se de que é Deus quem capacita. Assim como Ele escolheu Jeremias desde o útero, também o escolheu para proclamar as boas-novas. Vença a timidez e prossiga, mesmo frente às zombarias, e persista naquele que o formou, esculpiu e convocou. Prossiga! Torne-se um profeta!

- **José (Gênesis 37-47)**: um jovem simples e sonhador despertou a inveja de seus irmãos ao relatar seus sonhos. Em resposta, eles o traíram, jogaram no num poço e o venderam à escravidão. O que eles ignoravam era que isso impulsionaria José a enfrentar adversidades, falsas acusações e humilhações para alcançar um propósito grandioso em sua vida. Mesmo encarcerado, José ascendeu a governador do Egito por sua habilidade de interpretar sonhos. O local onde tramaram seu fim foi onde começou sua ascensão e sua maior vitória. Como governador, pôde mitigar a fome de seu pai e irmãos durante uma grande carestia. E quando seus irmãos vieram em busca de alimento, reencontraram José, vivo e governante. Não importa o que os invejosos tramem, se Deus estiver com você, até o que parece ser um veredito fatal se converte em uma bênção para a sua grande jornada, e você viverá os sonhos de Deus, tal como José viveu.

- **A mulher do fluxo de sangue (Lucas 8:43-48)**: a história da mulher com hemorragia é um belo exemplo de superação. A Bíblia relata que essa mulher sofreu durante doze anos com uma hemorragia, o que era visto como uma maldição em sua vida, impedindo-a de se aproximar das pessoas. No entanto, um dia, em sua persistência, ela foi ao encontro de Jesus, enfrentou a multidão e tocou em suas vestes, sendo imediatamente curada. Ela venceu o medo, a doença e a multidão. Não desistiu e nada a deteve; ela atravessou a multidão e alcançou o milagre. Inspire-se nessa mulher: não pare, não importa quanto tempo passe, não desista, supere seus medos, traumas e enfermidades, enfrente a multidão, toque em Jesus, receba virtude e seja curado(a) para a honra e glória do Senhor. Aleluia!

- **Jesus** é, de fato, um dos maiores exemplos de superação. Desde o nascimento, já era perseguido pelas autoridades. Aos 30 anos, iniciou sua missão e, aos 33, já era um líder singular que pregava o amor, o perdão, a cura, a justiça, a misericórdia, a libertação e a salvação. Jesus superou críticas, tentações, humilhações e perseguições. Ele superou a dor, o sofrimento e a tortura da morte. Nem a morte prevaleceu sobre ele; mesmo crucificado, pediu ao Pai pela humanidade que não sabia o que fazia. Sua vinda nos nutre de fé e esperança. Acreditar que Jesus veio ao mundo para nos salvar é o que nos mantém firmes nesta jornada. Ele superou a cruz para nos salvar.

Em sua jornada, curou os enfermos, fez os cegos verem, os surdos ouvirem, os mudos falarem, os paralíticos andarem, os mortos ressuscitarem. Supere sua cegueira espiritual, veja suas lutas, ouça a voz do Pai, fale do amor de Deus, supere sua paralisia, caminhe, prossiga, persista, corra ao encontro de Jesus e você o verá ressuscitar seus sonhos, seus planos, seus projetos. Supere o deserto da dor, da rejeição, do medo, da depressão e experimente os milagres de Deus em sua vida. Supere as astutas armadilhas do adversário, mostrando que você é mais do que vencedor.

"Seja forte e corajoso" (Josué 1:9). "No mundo tereis aflições, mas tende bom ânimo" (João 16:33). "Porque para Deus nada é impossível" (Lucas 1:37). "Ele dará força ao seu povo e o abençoará com paz" (Salmos 29:11). "Não temas, pois Deus está contigo; não te assombres, pois o teu Deus te fortalece e te guia, e te sustenta com a destra da sua justiça" (Isaías 41:10).

Biblicamente, superar e vencer desafios significa prevalecer e perseverar, alcançando a bênção por meio da fé em Deus. É superar e confiar no Pai, deleitar-se na presença do Senhor e manter a persistência para transpor situações, superando-se e ultrapassando limites. "Muitas são as aflições do justo, mas o Senhor o livra de todas elas" (Salmos 34:19).

Eu sou um exemplo de resiliência, tendo superado enfermidades, crises financeiras, acidentes e até uma gravidez com mioma uterino, que resultou em um filho maravilhoso e saudável. Superei assaltos e situações em que tive uma arma apontada para minha cabeça, bem como crises emocionais. Sou um caso improvável que Deus escolheu, instruiu e conduziu. Deus me salvou da morte inúmeras vezes. Glorifico e exalto o Pai pela dádiva da vida, pois Sua compaixão e a graça de não sermos destruídos se renovam todas as manhãs (Lamentações 3:22-25). Deito-me, durmo e desperto porque o Senhor me sustenta (Salmos 3:5-6), e acredito na promessa de que os que semeiam entre lágrimas, colherão com júbilo (Salmos 126:5-6).

Viver é um desafio diário, mas contamos com o auxílio do Espírito Santo de Deus. Superamos todos os obstáculos necessários ao caminhar com Jesus. Às vezes, a batalha parece interminável, mas lembre-se de que Deus tem Seu próprio tempo para agir; nenhuma dor é eterna, nenhuma luta é sem fim. Tudo tem um propósito sob o céu (Eclesiastes 3), tudo tem um motivo. Deus é especialista em transformar causas improváveis, fazendo surgir vida até mesmo dos ossos secos (Ezequiel 37), Ele cuida de nós nos menores detalhes.

Elias e Moisés foram dois homens de fé que, em momentos de desespero, chegaram a desejar a morte. Elias rogou a Deus que lhe tirasse a vida, conforme I Reis 19:4, enquanto Moisés pediu que Deus o matasse em Números 11:15. Jó amaldiçoou o dia do seu nascimento em Jó 3, e Jeremias lamentou ter nascido em Jeremias 20:17-18. Apesar dessas narrativas expressarem o desespero, a dor e a luta, bem como a vulnerabilidade dos servos de Deus, elas também revelam como eles superaram períodos de desânimo e depressão. São relatos de resiliência que nos motivam a perseverar. É essencial buscar esperança e propósito em nossa jornada. Até nos momentos mais difíceis, é possível observar que esses homens de fé transcenderam suas provações e cumpriram seus destinos. É comum sofrer, chorar e desesperar-se, mas não desista. Se necessário, pare e descanse, faça como a flecha que recua para ser lançada mais longe; ela tem um alvo. Renove suas forças, mantenha sua confiança no Todo-Poderoso. Você é uma flecha nas mãos do Criador, e Deus é o seu arqueiro; Ele sabe o alvo, Ele sabe a mira e sabe como direcionar. Leia a Bíblia, reflita sobre essas histórias de superação e aplique o que aprender. É possível superar qualquer obstáculo com a ajuda de Deus. Supere! Seja um testemunho edificante na vida de outras pessoas. Sua história serve de inspiração. Não se preocupe com o tempo de espera; concentre-se na busca pelo Espírito Santo, em orar, ler e meditar na palavra. Dedique-se a amar o Criador acima de tudo, a prosseguir, perdoar e curar-se de dentro para fora. Por mais difícil e árido que pareça o deserto que você está atravessando, você encontrará um oásis que é a palavra de Deus, e viverá as promessas do Pai em busca da superação. Acredite, você é mais que vencedor em Cristo Jesus. Deus abençoe!

> “SUPERAR SIGNIFICA DAR NOVO SIGNIFICADO, É RECOMEÇAR OLHANDO PARA O PASSADO AFIRMANDO ‘EU SOBREVIVI’.
>
> SHIRLEY F. OLIVEIRA”

SIMONE DA MATTA

Sou Simone da Matta, natural de São Paulo/ /capital. Hoje resido em São Vicente, litoral sul de São Paulo.

Adquiri conhecimento como professora, trabalhei por mais de onze anos no mundo corporativo, formei-me em Direito, estudei outros idiomas, atuei no mercado imobiliário, empreendi no ramo alimentício, dentre outras atividades.

Após essa caminhada diversa, ao receber uma sentença de morte de um médico, emagreci mais de 50 kg sem remédio ou cirurgia durante a pandemia, então entendi o meu propósito de vida: ajudar as pessoas de forma acolhedora com a transformação física, mental e espiritual para o emagrecimento duradouro.

venci.a.obesidade.morbida
venciaobesidademorbida@gmail.com

29

VENCI A OBESIDADE MÓRBIDA SEM REMÉDIO OU CIRURGIA

POR SIMONE DA MATTA

O ano era 2019, sou de São Paulo, mas estava residindo em Santos, litoral sul paulista, em busca de melhor qualidade de vida.

Ao mudar-me para o litoral, minhas alergias respiratórias pioraram, fui então a um otorrinolaringologista para que ele me auxiliasse.

Ele me prescreveu as medicações, alertando-me de que essas questões eram provenientes de minha obesidade e que, se eu chegasse, do jeito que eu estava, aos 40 anos, eu iria morrer. Eu estava com 39.

Você consegue imaginar como eu saí dessa consulta?

Com essa sentença de morte decretada, eu muito confusa, pois tinha ido somente verificar uma questão respiratória, marquei uma consulta com um clínico geral para entender melhor todo esse cenário a mim apresentado abruptamente.

Somente hoje eu consigo enxergar o que o máximo do meu peso de 126 kg, com obesidade mórbida, causou em minha vida: afundamento das últimas três vértebras da coluna, inflamação do glúteo médio esquerdo, lesões nos joelhos, depressão, enxaqueca, problemas no fígado etc.

Na consulta chorei muito, fui acolhida pela médica, que me indicou um programa do plano de saúde com tratamento para a obesidade por dois anos, com diversos profissionais e, se o emagrecimento não ocorresse de forma suficiente, eu seria encaminhada para fazer a cirurgia bariátrica – se assim fosse a minha decisão. Optei por entrar nesse programa.

Eu já estava participando do programa há mais de um ano e meu corpo estava respondendo bem, mas com relação ao emagrecimento em si não ocorreu uma perda de peso significativa.

Começou a pandemia.

Mesmo angustiada com o momento vivido, eu ainda estava indignada comigo mesma, perguntando-me como eu já tinha passado por tantas situações desafiadoras na vida e consegui resolvê-las, mas sentia-me impotente na questão do meu excesso de peso.

Depois de muito me questionar, comecei a ler livros sobre obesidade, dietas e nutrição, entrei em grupos de estudos, fiz cursos, enfim, busquei todas as possibilidades naquele momento e aprofundei-me nesse assunto. Com isso, montei um plano de ação para colocar em prática tudo que eu aprendi a respeito.

Falei com as médicas, que me acompanhavam naquele programa de emagrecimento do convênio, sobre a minha decisão, elas me explicaram que o posicionamento daquele programa era diferente, mas que eu poderia continuar no programa e que elas me dariam suporte nesse processo em tudo que estivesse ao alcance delas.

Com acompanhamento médico, optei por não tomar mais nenhum remédio para emagrecer, porque eu precisava entender como meu corpo funcionava naturalmente e como reagiria a cada uma das estratégias alimentares que eu testaria nele.

Eu já tinha feito o desmame da medicação junto à psiquiatra – eu tomava remédios para depressão e ansiedade – e ela me prescreveu continuar com o acompanhamento psicológico somente.

Assim, comecei a minha imersão em um mundo de experiências e descobertas sobre o meu corpo e a minha mente.

Eu estava muito animada com os resultados de todas as estratégias alimentares, elas me trouxeram resultados de formas e em prazos diferentes, mas todas funcionaram; assim, eu precisava entender e decidir qual dessas estratégias eu conseguiria manter por uma vida.

Todavia, no final de 2020, fui surpreendida, minha menstruação habitual tornou-se rapidamente uma hemorragia assustadora.

Eu não sabia, mas com essa hemorragia iniciava-se mais uma longa batalha que tive de trilhar ao mesmo tempo em que fazia todo o meu processo de emagrecimento.

Assim começou uma luta de três cirurgias em partes diferentes do meu corpo, não relacionadas à obesidade (pois não fiz nenhuma cirurgia para emagrecer), em plena pandemia, com todas as restrições que estávamos enfrentando. Tive complicações, anemia prolongada, entre outras questões, mas continuei seguindo o meu processo de emagrecimento conforme conseguia.

Quando eu estava impossibilitada de fazer exercícios na parte superior do corpo devido a alguma cirurgia, eu fazia os mesmos da cintura para baixo e vice-versa, treinei inclusive na cama, porque não conseguia me deitar no chão devido à minha obesidade, eu fazia o que eu podia com o que eu tinha.

Depois que eu já tinha emagrecido e feito as três cirurgias, eu estava prestes a realizar um grande sonho: fazer a cirurgia reparadora do abdômen, pois após todos os quilos eliminados fiquei com aquela barriga de avental, a qual me trazia feridas e desconfortos.

Porém, antes de conseguir realizar esse sonho, entre o Natal e o Ano Novo daquele ano, eu descobri que tinha compulsão alimentar. E nesse período de festas, como obter ajuda? Consegui tratamento depois de muito buscar e o faço até hoje, mas isso é assunto para um outro momento.

Fiz a cirurgia reparadora e foi retirado 1,5 kg só de pele da minha barriga. A recuperação foi bem delicada, mas, apesar de tudo, eu simplesmente não conseguia tirar o sorriso do meu rosto, estava muito feliz, afinal de contas eu nunca tinha tido um abdômen na vida, né?

Eu me recuperei da cirurgia reparadora e estava voltando à vida: andando 20 km de bicicleta na rua todos os dias, fazendo canoagem, musculação em casa... Planos? Já tinha me inscrito em práticas diversas de exercícios, dança, pular de asa delta, tudo o que você possa imaginar.

Em agosto de 2023, eu estava fazendo tudo isso em um dia e, no dia seguinte, eu estava travada em uma cama, sem conseguir me mexer, com dores absurdas do meio do glúteo esquerdo que descia pela perna e pé. Eu arrastava todo o lado esquerdo do corpo, quando conseguia andar; banho somente sentada em um banquinho. Não eram dores musculares, eram choques, pareciam "facadas" e, pela primeira vez na minha vida, eu colocava o travesseiro na boca para as pessoas não me ouvirem urrar de dor.

Exames e consultas efetuadas, fui encaminhada para a neurocirurgiã que propôs uma junta médica, participei e sai de lá pior do que entrei.

Toda a questão era na minha coluna, com problemas diversos e os médicos me disseram que, para solucionar parte de toda essa situação seria necessário ou uma cirurgia mais invasiva, colocando placas e pinos, ou três cirurgias menos invasivas, com intervalos de alguns meses entre elas, você acredita? Eu não acreditava.

E, como toda cirurgia tem riscos, tratando-se de cirurgia na coluna, entre esses riscos incluem-se paralisias, comprometimento de mobilidade, entre outros. E se eu não operasse? Os riscos seriam os mesmos, pois a localização das três hérnias mais graves da minha coluna estavam em uma região que poderia afetar as minhas funções da bexiga e intestino.

Incrédula, eu me questionava qual parte da minha vida eu tinha perdido, por que eu ainda estava naquele momento festivo após a cirurgia reparadora, voltando para a vida com muitos planos.

Veja, o que eu estou passando com minha coluna, guardadas as devidas peculiaridades, é similar ao que eu vivi quando estava com obesidade mórbida, como a grande dificuldade em me locomover, além de outras questões que mexeram com diversas "caixinhas" emocionais minhas. Mas, sabemos que, quando o ensinamento se repete, é porque ainda não aprendemos a lição e é isso que fiquei buscando arduamente, então entendi que, na verdade, eu estava saindo para o mundo após o emagrecimento e querendo viver tudo intensamente, sem antes ter conhecido e compreendido a mim mesma.

Certo dia, após tomar uma das inúmeras medicações prescritas para a coluna (eu estava tomando mais de onze medicamentos por dia e já tinha tomado mais de doze injeções), eu fiquei acordada um dia inteiro, a noite e mais o dia seguinte. Com muita dor? Sim, mas com uma disposição e clareza de pensamentos que eu nunca tive.

Fiquei intrigada, porque eu nunca tive disposição para nada e os médicos falavam que era por causa da minha obesidade, claro.

A partir desse episódio, abriu-se um portal de lembranças da minha vida desde criança até os dias atuais, eu estava perplexa e assustada com tudo isso.

Levei todas essas questões à minha psicóloga e uma das coisas que ela falou para eu fazer foi escrever tudo e foi o que eu fiz.

Certo dia, eu estava assistindo a um vídeo com a excepcional psiquiatra Dra. Ana Beatriz Barbosa Silva, mas tudo estava diferente: ela geralmente fala dos casos de outras pessoas, mas naquele momento ela estava contando da vida dela. Surpresa: percebi que na verdade ela estava falando da minha vida.

Quando terminou, eu já a seguia e fui buscar no perfil dela mais informações sobre o que ela tinha falado e encontrei um curso sobre isso. Comprei o curso e já na primeira parte ela oferece cinquenta apontamentos que não são um diagnóstico, mas indícios de que a pessoa pode ter essa questão em sua vida. Dos cinquenta, eu tinha 45.

Novamente levei tudo isso para a minha psicóloga Fabiana – um ser de luz que me ajudou a descobrir quem eu sou –, ela me deu o caminho a ser trilhado, que era com o psiquiatra e com a neuropsicóloga.

Foi e ainda está sendo fantástica essa caminhada, reconstituí toda a minha vida desde o nascimento, entendi o motivo de tudo que aconteceu comigo até hoje, a minha suspeita de diagnóstico confirmou-se e finalmente estou conhecendo quem eu sou de fato.

Ainda mais surpreendente é que eu entendi que a obesidade, que foi meu problema por toda a vida, não era a minha grande questão, ela foi a consequência de uma compulsão alimentar que foi causada por essa situação que constatei recentemente.

Agora eu descobri a causa da minha obesidade e estou tratando a mesma. Quem sabe você também não é igual a mim? E ainda existem inúmeras outras causas da obesidade.

Continuo nessa jornada de recuperação, amparada por minha amada família – aqui registro todo o meu respeito e admiração aos meus pais e familiares –, além do tratamento com a coluna que foi alterado devido a outras situações que ocorreram.

Se você também deseja saber mais sobre as causas da obesidade, como emagrecer, resgatar a sua autoestima, superar-se e saber como eu emagreci e continuo nessa caminhada, siga-me nas redes sociais e conheça o meu trabalho. Que risco que você corre fazendo isso? Descobrir-se verdadeiramente, ter sucesso no seu emagrecimento e transformar a sua vida.

> “
> MEU PROPÓSITO DE VIDA: AJUDAR AS PESSOAS DE FORMA ACOLHEDORA COM A TRANSFORMAÇÃO FÍSICA, MENTAL E ESPIRITUAL PARA O EMAGRECIMENTO DURADOURO.
>
> SIMONE DA MATTA ”

SYLVIA OLIVEIRA

Sou Sylvia Carvalho de Oliveira, natural de Belém/ /PA, residente em Brasília/DF.

Sou médica, com formação em Cardiologia, Medicina do Trabalho, Perícia Médica, Ergonomia, Auditoria em Saúde, Administração Hospitalar, Gestão Empresarial, Psiquiatria e Psicanálise, Programação Neurolinguística, pós-graduada em Dano Corporal Pós-traumático pela Universidade de Coimbra (Portugal), pós-graduanda em Neurociência, Comportamento e Desempenho, especialista em Análise Comportamental, master coach criacional e mentora na área de bem-estar e saúde mental.

Meu propósito é auxiliar pessoas no controle emocional para sucesso pessoal e profissional.

sylviaoliveira_ofc
Sylvia Oliveira
etica.saude@gmail.com
trabalhosaudavel.com

30

UMA JORNADA PROFISSIONAL VENCENDO OBSTÁCULOS

POR SYLVIA OLIVEIRA

PRIMEIROS PASSOS PARA ME TORNAR MÉDICA

Sou uma médica vinda de uma família com poucos recursos financeiros, de Belém do Pará. Enfrentei algumas dificuldades desde a infância; a renda familiar era exclusivamente do salário do meu pai, que não media esforços para que fosse possível proporcionar condições para que eu e minha irmã tivéssemos acesso à escola, mas as dificuldades eram imensas e em certos momentos chegamos a sentir receio da necessidade de parar de estudar por escassez de dinheiro. Contudo, meu pai, felizmente, nunca permitiu que isso acontecesse.

Apesar de meus pais esconderem a real situação, sabíamos das limitações, pois não tínhamos acesso a brinquedos ou roupas de alto valor, passeios ou viagens de férias, levamos uma vida muito simples, tendo o essencial para sobreviver, morávamos em casa pequena, em local ruim, com péssimas condições de saneamento, enfrentando enchentes no inverno amazônico, que é o período de grandes chuvas, às vezes entrava na casa água suja e contaminada que vinha da rua. Graças a Deus escapamos de doenças que ocorrem após enchentes, como a leptospirose, que pode ser muito grave e levar à morte.

Estudamos em escola pública uma parte de nossa jornada estudantil, mas houve um período em que foi impossível conseguir vaga em colégio público e, para não ficar sem estudar naquele ano, meu pai, mesmo sem muita condição, decidiu nos matricular em escola particular. Foi o período mais difícil que passamos em termos financeiros. O salário mal dava para alimentação e pagar a escola, e muitas vezes tinha-se que atrasar o pagamento da mensalidade.

Mas quanto mais eu percebia as dificuldades, mais eu era estimulada a estudar. Eu me dedicava muito e por isso me destaquei no colégio, o que proporcionou o ganho de uma bolsa de estudos. Isso foi uma ajuda imensa para nós, o que permitiu que continuássemos estudando naquele colégio, que aliás era uma escola conceituada e de alto nível na cidade.

Eu nunca me senti desestimulada ou desanimada por ter uma condição pouco favorecida financeiramente e nem pensei em parar de estudar por isso, ao contrário, imaginava que a única maneira de mudar aquela situação era estudando. Meu sonho era ter uma profissão que iria garantir uma boa renda e morar em um bom local e, com certeza, ajudar meus pais. Eu sabia que um dia sairia daquela condição e seguia sempre estudando e me destacando como uma boa aluna, mas eu ainda não tinha decidido qual carreira iria seguir no futuro.

Durante o Ensino Médio (na época chamado Segundo Grau), após ter visitado uma exposição dos laboratórios de anatomia e fisiologia da faculdade de Medicina, fiquei encantada e decidi que queria ser médica

Quando eu falava que queria fazer o curso de Medicina, as pessoas diziam "Medicina não é para pobre"; além do mais, é muito difícil conseguir passar no vestibular, para vencer a alta concorrência do curso. Seria necessário fazer dois anos de cursinho pré-vestibular, além do colégio. E com que dinheiro faria isso? Mas eu não me intimidava com as conversas desanimadoras. Eu sempre fui determinada e, quando decidia alguma coisa, não desistia até que conseguisse meu objetivo.

Eu sempre tive muita fé, mesmo sem saber o significado da palavra. Eu tinha certeza e convicção de que conseguiria chegar aonde eu quisesse.

Apesar das adversidades, continuei me destacando na escola e me dedicando diligentemente aos estudos, e com muita perseverança cheguei ao 3º ano do Segundo Grau e me inscrevi no vestibular para Medicina na universidade federal do meu estado. Na época, eram 150 vagas e milhares de concorrentes para entrar no almejado curso de Medicina, o mais disputado de todo vestibular. Desde que tomei essa decisão, em nenhum momento tive receio da concorrência, e não pensei nas desvantagens que eram apontadas para mim; tinha a convicção de que conseguiria passar, e foi o que realmente aconteceu: eu consegui entrar para a faculdade de Medicina entre os onze primeiros colocados.

Iniciei minha jornada de estudante de Medicina sempre com muitos desafios. Os livros tinham custos bem mais elevados, o curso era basicamente realizado quase que exclusivamente no período diurno, o que impossibilitava a tentativa de conseguir trabalho para obtenção de renda para ajudar nas despesas. De fato, o curso de Medicina para pessoas com baixa renda é muito desafiador.

Eu tenho uma tendência, desde aquela época, de focar a solução e não o problema. Eu aproveitei minhas habilidades em matérias específicas da área como Biologia e Química, e nos poucos momentos de folga ministrava aulas particulares. Com isso, conseguia alguma renda para ajudar no meu transporte e na compra de alguns livros que eram indispensáveis.

Vale ressaltar que muitos livros eu não precisei comprar, usava bibliotecas, copiava a matéria. Aliás, meus cadernos eram disputados pelos colegas, pois eu conseguia copiar quase tudo o que era dito pelo professor; meus cadernos eram verdadeiras relíquias.

Os anos do curso de Medicina são muito desafiadores, são demandas acadêmicas intensas, muitas matérias, algumas que exigem muita dedicação e estudo para vencê-las, entre o 3º e 4º ano começamos a frequentar hospitais e emergências para vivenciar a prática médica mais de perto, além das pesquisas, trabalhos acadêmicos e provas. Associado a tudo isso eu tinha que lidar com a pressão financeira, morando em condições modestas e lutando para custear os materiais e despesas do curso. No entanto, a minha força de vontade e a paixão pela Medicina impulsionaram-me a superar as dificuldades. Posso dizer também que, desde então, comecei a desenvolver a resiliência e o espírito empreendedor. Comecei a buscar inspiração em professores e médicos que conheci nos hospitais e emergências por onde passei, que foram verdadeiramente os meus primeiros mentores e de quem recebi orientações que me guiaram na minha jornada acadêmica.

Após seis anos de dedicação e superação de adversidades, concluí meu curso e tornei-me médica aos 23 anos, o que para muitos era considerado impossível para alguém com poucos recursos materiais.

O SONHO DA ESPECIALIZAÇÃO E NOVAS CONQUISTAS

Antes da formatura eu já tinha decidido que deixaria minha cidade para fazer especialização de Cardiologia em um centro médico, como Rio de Janeiro ou São Paulo, mas surgiu uma oportunidade em Brasília, que a princípio não estava nos meus planos.

Determinada a fazer uma especialização fora de Belém, convenci meu pai a comprar no crediário uma passagem de avião para Brasília, para eu realizar os processos seletivos em novembro e voltar para a formatura. Eu fui avisada de que, se fosse necessária outra viagem, iria ser realizada de ônibus, pois não havia recursos para adquirir outra passagem aérea.

Assim, parti para o planalto central na minha primeira viagem de avião.

Quando cheguei em Brasília, logo percebi que minha especialização seria feita naquela cidade e assim aconteceu.

Em janeiro de 1984, embarquei em Belém de ônibus rumo à capital do país para uma nova e empolgante fase de minha vida.

Ao chegar no Distrito Federal, eu me vi imersa em um ambiente novo e completamente diferente, com muitos desafios a serem vencidos, desde os imensos corredores e salas do hospital onde fazia minha especialização – e no qual às vezes me perdia –, até a complexidade dos casos com que comecei a lidar, mas não tive medo e, como sempre, mergulhei de cabeça nos estudos. Dediquei-me ao máximo absorvendo os conhecimentos teóricos e práticos, identifiquei meus novos mentores na especialidade e segui na minha jornada.

As barreiras não foram menores do que aquelas da época da graduação e, além das exigências próprias requeridas pela especialização em Cardiologia, enfrentei os desafios pessoais de adaptação de uma nova cidade, como criar amizades e construir uma rede de apoio, a saudade de casa, da família e dos amigos.

Mas ao longo dos anos, cultivei amizades que foram importantes na superação dessa fase.

Após três anos de muita dedicação e trabalho, concluí minha especialização em Cardiologia e emergi como profissional capacitada, segura, confiante e pronta para enfrentar os desafios da prática médica.

Toda a experiência desse período de aprendizado proporcionou-me oportunidades profissionais, passei em concursos públicos, recebi indicações para cargos de confiança em secretaria de estado do Distrito Federal, além dos empregos na iniciativa privada; também abri consultório e empresa.

Posteriormente à Cardiologia, realizei novas especializações em Perícia Médica e Medicina do Trabalho, que abriram novos horizontes na Medicina.

Também fiz cursos em Administração Hospitalar e Gestão Empresarial e pós-graduações em Psiquiatria e Psicanálise, e muitos outros.

Minha determinação, disciplina, paixão pela Medicina e pelos pacientes impulsionaram-me a me destacar na minha profissão, deixando uma marca positiva por onde passava.

A minha trajetória até Brasília não foi apenas uma busca por conhecimento técnico, mas também uma jornada de autodescoberta, autoconhecimento, desenvolvimento da inteligência emocional, amadurecimento e realização pessoal e profissional. Não posso deixar de falar também do meu encontro verdadeiro com Jesus, que deu total sentido à minha vida e aprimoramento da minha fé. A vida com Deus e a fé são cruciais na superação de obstáculos.

Atualmente, eu me dedico à Medicina do Trabalho, além de mentorias de bem-estar e saúde mental. O meu propósito de vida é auxiliar as pessoas a controlarem suas emoções para alcançarem seus objetivos pessoais e profissionais para que possam atingir a plenitude de vida.

Espero que minha trajetória sirva de inspiração para todos que buscam realizar seus sonhos por meio da determinação, coragem e dedicação.

Siga em frente e alcance seus sonhos!

> A DETERMINAÇÃO E A PAIXÃO PELA MEDICINA FORAM E SÃO MAIS FORTES QUE QUALQUER OBSTÁCULO.
>
> SYLVIA OLIVEIRA